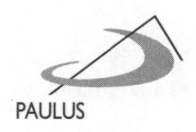

Diocese de Joinville – SC

NOSSA VIDA COM JESUS
Iniciação cristã de inspiração catecumenal - Eucaristia
CATEQUISTA

PAULUS

Diocese de Joinville
Bispo diocesano: Dom Irineu Roque Scherer
Texto: Equipe Diocesana de Coordenação da Diocese de Joinville
Coordenação: Ir. Terezinha Maria Mocellin e Ir. Celestina Zardo

Direção editorial: Pe. Claudiano Avelino dos Santos, ssp
Coordenação editorial: Pe. Jakson Ferreira de Alencar, ssp
Colaboração: Pe. Luiz Eduardo Baronto
Revisão: Cícera Gabriela Souza Martins
Ilustrações: Pe. Otávio Ferreira Antunes
Diagramação: Fernando Tangi
Impressão e acabamento: PAULUS

Dados Internacionais de Catalogação na Publicação (CIP)
(Câmara Brasileira do Livro, SP, Brasil)

Nossa vida com Jesus: catequista / Diocese de Joinville – São Paulo: Paulus, 2013. – Coleção Iniciação cristã catecumenal.

    Bibliografia.
    ISBN 978-85-349-3624-8

    1. Catequese – Igreja Católica – Ensino bíblico
    2. Catequistas – Educação 3. Fé 4. Vida cristã
    I. Diocese de Joinville.

13-02857   CDD-268.3

Índice para catálogo sistemático:
1. Catequistas: Formação bíblica: Educação religiosa: Cristianismo   268.3

Seja um leitor preferencial **PAULUS**.
Cadastre-se e receba informações sobre nossos lançamentos e nossas promoções:
paulus.com.br/cadastro
Televendas: **(11) 3789-4000 / 0800 016 40 11**

1ª edição, 2013
17ª reimpressão, 2025

© PAULUS – 2013
Rua Francisco Cruz, 229 • 04117-091 – São Paulo (Brasil)
Tel.: (11) 5087-3700
paulus.com.br • editorial@paulus.com.br
ISBN: 978-85-349-3624-8

SUMÁRIO

Apresentação 5
Iniciar um caminho novo 7
   Catecumenato – uma resposta para o nosso tempo 8
   A nossa catequese inspirada pelo processo catecumenal 10
   Mãos à obra – Em busca de uma catequese nova 11
   O manual 12
   O planejamento 12
   Encontros para uma catequese de inspiração catecumenal 13
   Um caminho seguro e conhecido 14
   Aonde queremos chegar? 14
   Dois elementos a mais 15
   Traduzindo o método para os nossos encontros 16

PRIMEIRA ETAPA DA CATEQUESE EUCARÍSTICA (Pré-Catecumenato)

1º Encontro – Ao encontro de um grande amigo 20
Celebração de acolhida dos catequizandos 23
2º Encontro – Deus me chama pelo nome 26
3º Encontro – Eu, teu Deus, te chamo, quero falar-te. Escuta-me! 28
4º Encontro – O jeito de Jesus amar os seus amigos: o Bom Pastor 31
5º Encontro – A Bíblia é um livro diferente 33

SEGUNDA ETAPA DA CATEQUESE EUCARÍSTICA (Catecumenato)

**Celebração de entrada na Catequese Eucarística
e entrega da Sagrada Escritura** 37
6º Encontro – A Bíblia: um livro no qual Deus revela seu amor 42
7º Encontro – A criação: sinal do amor e da bondade de Deus 45
8º Encontro – Deus propõe à pessoa humana uma aliança de amor 48
9º Encontro – A quebra da aliança 51
10º Encontro – Deus convida Maria para ser a Mãe de Jesus 53
Celebração e entrega do *Magnificat* e do Terço 56
11º Encontro – João Batista prepara a vinda de Jesus 59
12º Encontro – Deus Pai envia o seu Filho Jesus 61
13º Encontro – A missão de Jesus: anunciar o Reino de Deus 63
14º Encontro – Falar ao Pai como Jesus nos ensinou (1ª parte do Pai-nosso) .. 65
15º Encontro – Pedir ao Pai, como Jesus ensinou (2ª parte do Pai-nosso) 67
16º Encontro – No Pai-nosso, Jesus nos ensina a perdoar 69
Celebração e entrega do Pai-nosso 72
17º Encontro – Jesus é traído, preso, torturado, julgado e condenado 74
18º Encontro – Jesus morreu e ressuscitou 76

19º Encontro – A vida de Jesus continua em nós pelo Espírito Santo 78
20º Encontro – A missão de Jesus continua na comunidade de fé,
vida e amor 81
21º Encontro – O Credo é o texto básico da fé 84
Celebração da entrega do Credo 87
22º Encontro – Domingo é o dia do Senhor 89
23º Encontro – O Batismo é um mergulho na Páscoa de Jesus 91
24º Encontro – No Batismo fomos ungidos em Cristo Jesus 93
25º Encontro – O batizado é um iluminado 96
Celebração do Batismo e profissão de fé 98
26º Encontro – A Eucaristia: comunhão com Deus e com os irmãos 102
27º Encontro – A Eucaristia: Mesa da Palavra e Mesa do Pão 105
28º Encontro – A Eucaristia: memória, festa e ação de graças ao Pai 108
29º Encontro – A Eucaristia: celebração do mistério pascal 111
Celebração: queremos conhecer Jesus, Caminho, Verdade e Vida 114
30º Encontro – Os mandamentos: caminho de vida e felicidade 117
31º Encontro – Os mandamentos como aliança 120
32º Encontro – O mandamento maior é o amor 123
Celebração da entrega do mandamento do Amor 126

TERCEIRA ETAPA DA CATEQUESE EUCARÍSTICA (Purificação e iluminação)
(Tempo da Quaresma)

33º Encontro – A Igreja continua a missão de Jesus 129
34º Encontro – A comunidade de fé: lugar da vida e do perdão 132
35º Encontro – O amor misericordioso de Deus 135
Celebração do Sacramento da Reconciliação 138
36º Encontro – A Páscoa de Jesus: núcleo da nossa fé 141

QUARTA ETAPA DA CATEQUESE EUCARÍSTICA (Mistagogia)
(Tempo Pascal)

37º Encontro – A Eucaristia: alimento para a vida e a missão 146
38º Encontro – O Batismo: fonte de vocação e missão 149
39º Encontro – Enquanto aguardo ser crismado 152
40º Encontro – Ritos iniciais e finais da Eucaristia 154
41º Encontro – A celebração da Eucaristia passo a passo 157
42º Encontro – A Ascensão do Senhor 160
43º Encontro – O retiro é uma experiência espiritual 163
Celebração da Vigília de Pentecostes 164
Orações 167

APRESENTAÇÃO

A Diocese de Joinville, animada pelas constantes solicitações da Igreja de reavaliar a prática evangelizadora, sentiu-se desafiada e assumiu, com decisão, coragem, criatividade e alegria, a catequese de iniciação à vida cristã. De inspiração catecumenal, esse é um processo que leva as pessoas a colocar-se em contato vivo e dinâmico com Jesus Cristo, num profundo mergulho na vida cristã. Dentro desse processo, a catequese não realiza apenas mudanças metodológicas, mas reveste-se de um verdadeiro "novo paradigma" (cf. *Documento de Aparecida*, n. 294).

Os resultados da evangelização realizada até aqui se confrontam com realidades que impressionam e nos impulsionam a um novo agir: maneira de apresentar o conteúdo, mudança de método marcado por etapas e celebrações, caminho que conduz os catequizandos e a comunidade ao núcleo da fé.

Para buscar este "novo paradigma", o manual de catequese **Nossa vida com Jesus** visa a ajudar a formar verdadeiros discípulos de Jesus Cristo, conhecedores de sua Palavra, missionários do Reino, capazes de celebrar a sua fé. Nesse processo, a presença da comunidade cristã, como fonte e meta da educação da fé, é o lugar privilegiado dessa Iniciação à Vida Cristã.

O caminho de iniciação à vida cristã aqui proposto é inspirado na sabedoria da Igreja, acumulada ao longo dos séculos. Está elaborado seguindo as etapas do catecumenato. Contém o roteiro para os encontros adaptados e elencados segundo as necessidades e condições da faixa etária dos catequizandos. Os encontros seguem o método da leitura orante da Palavra de Deus, dentro de um caráter processual, dinâmico e progressivo, com ligação entre as etapas da iniciação, conhecimento doutrinal, experiência da fé, para conhecer e saborear o caminho de Jesus Cristo e do seu Evangelho. Todo o encontro é feito em clima de oração.

O manual também precisa de correções. Precisa de olhos atentos para indicar lacunas, falhas e acertos. E para que seja um manual útil ao processo catequético, é preciso que se diga o que está bom, o que precisa ser melhorado, o que não está claro, o que precisa continuar e até mesmo ser aprofundado. O manual precisa de mãos, olhares e corações atentos. Ele precisa de você!

É uma alegria poder apresentar este manual de catequese da Eucaristia no estilo catecumenal, elaborado com a partilha de saberes de pessoas com formação em Teologia, Ciências da Religião, Liturgia, Pedagogia, Bíblia, Psicologia, História e Língua Portuguesa, com a coordenação da Dra. Ir. Teresinha Maria Mocellin (Ir. CF).

Agradeço a Deus, que participa de nossos sonhos, e abençoo a equipe pela dedicação a este maravilhoso trabalho.

Dom Irineu Roque Scherer,
Bispo Diocesano de Joinville

INICIAR UM CAMINHO NOVO

A catequese está desafiada a viver um momento novo. "Num mundo cada vez mais descristianizado e onde os valores evangélicos estão cada vez mais ausentes, a iniciação cristã, através de uma catequese de inspiração catecumenal, se torna cada vez mais urgente e necessária. Para este novo processo catequético precisamos investir na formação de catequistas que sejam verdadeiros discípulos de Jesus Cristo, conhecedores de sua Palavra, missionários do Reino e capazes de celebrar a sua fé. Neste processo, a presença da comunidade cristã, como fonte e meta da educação da fé, é o lugar privilegiado desta iniciação cristã" (*Documento de Aparecida*, n. 170).

Este novo paradigma parece ser a resposta para antigos problemas com os quais convivemos há muito tempo. Esses problemas nos desafiam a encontrar caminhos e soluções. Os resultados do trabalho realizado até aqui se confrontam com fatos que nos impressionam, mas nos impulsionam a um novo agir, a uma mudança de métodos e conteúdos.

O que consideramos dificuldades em nossa realidade:

• A catequese ainda é assumida e vista como escola. Muitos a entendem unicamente como espaço de transmissão de conteúdos mentais relativos à fé e não como iniciação à vida cristã. Essa dificuldade nos é revelada pela não continuidade das relações com os catequizandos depois da Primeira Eucaristia, como se tivessem apenas buscando um diploma.

• Temos uma massa de cristãos que participam das nossas comunidades sem a consciência clara da vida cristã. Celebram os sacramentos com preparação insuficiente ou superficial.

• A catequese ainda é vista como tarefa exclusiva do catequista. Não fomos suficientemente despertados para a corresponsabilidade da comunidade de fé. Falta o apoio da família, da comunidade local e dos padres para o exercício comum da catequese e o seu devido acompanhamento como serviço essencial da comunidade.

• Falta clareza metodológica em nossa catequese. Os conteúdos transmitidos nos encontros pouco atingem a experiência da fé. Precisamos rimar e aproximar o saber do sabor, o conhecimento da vida, o entender com o experimentar.

• Continuam separadas a liturgia e a catequese. A participação na liturgia supõe uma boa iniciação na catequese, assim como remete a ela. Quem participa das celebrações deseja se aprofundar na compreensão dos ritos e símbolos. Encontros pouco celebrativos e muito orientados para "passar conteúdo" não ajudam a iniciação aos sacramentos. O distanciamento das celebrações litúrgicas da comunidade também dificultam o processo catequético como iniciador da fé.

• A globalização como fenômeno atual, se por um lado nos conecta com o mundo e as culturas, por outro nos rouba a possibilidade de aprofundar valores como a religião, a ética, a solidariedade, o respeito ao próximo, à natureza e a orientação para Deus.

• Os catequistas precisam de melhor formação. Em alguns casos, até mesmo ser catequizados! Falta formação continuada no âmbito do conhecimento das Sagradas Escrituras, da Liturgia, dos novos métodos pedagógicos e dos instrumentos científicos que a psicologia, a antropologia, a sociologia e as demais ciências humanas oferecem. Existe uma carência de novas tecnologias, falta o acesso a boas bibliografias, estudos e cursos específicos.

• Quanto ao cultivo da arte como meio de exprimir a fé da comunidade, ainda sabemos pouco sobre como utilizar esses meios: música, dança, artes plásticas e outras expressões podem colaborar na transmissão do Evangelho e na vivência da fé. Falta também espaço físico adequado, material didático e envolvimento no processo evangelizador por parte da comunidade.

• Nossas comunidades paroquiais não acompanham a evolução tecnológica e metodológica com a qual os catequizandos estão em contato no cotidiano, pela *Internet* ou pela TV. A formação dos nossos catequistas está em defasagem com a evolução da cultura e tecnologia atuais.

• Existe uma ruptura entre os sacramentos e o testemunho cristão. A preocupação maior é a de celebrar os sacramentos sem incluir um esforço para a vivência autêntica da fé. É responsabilidade dos pais e padrinhos oferecer aos filhos e afilhados uma experiência de fé no seio da família e no contato com a comunidade. As crianças são sensíveis ao que dizem e fazem seus pais. São os adultos que lhes oferecem um modelo de vivência e testemunho do Evangelho. Pais e mães, padrinhos e madrinhas muitas vezes não estão atentos a esse testemunho no seio da família, ou no convívio com a criança.

• Há sinais concretos de que a preocupação da família quanto à vida de fé que oferecem aos seus filhos é pouco consistente, incipiente e não processual. Levar os catequizandos aos encontros, estar presente no dia da Primeira Comunhão ou dar presentes não basta.

• Permanece a distância ou mesmo a ruptura entre os sacramentos da iniciação cristã. O Batismo é celebrado em total desconexão com a Eucaristia, a Crisma e vice-versa. A iniciação cristã ainda está fragmentada em momentos isolados e pouco relacionados entre si. A catequese de preparação para os sacramentos da iniciação não cumpre essa ligação e não confere unidade a eles. A celebração é vista como conclusão e término de um processo que deveria, mas não continua pela vida. O método usado em nossas catequeses não leva a participar frutuosamente das celebrações. Talvez porque, no decorrer dos encontros, o elemento celebrativo tenha sido excluído, ou a excessiva preocupação racional não eduque para a expressão simbólica e ritual, a capacidade celebrativa, a contemplação, a oração, a gratuidade na relação com Deus.

Catecumenato: uma resposta para o nosso tempo

O que é o catecumenato? Como funciona? Por que o catecumenato se apresenta como um caminho de superação das dificuldades constatadas? Por que a Igreja nos propõe este caminho para a catequese?

Catecumenato é o nome que se dá ao processo de iniciação cristã. É um modelo de catequese que perdurou até o século V. Incluía uma longa preparação para os sacramentos, promovendo a adesão a Jesus Cristo e à Igreja. Tinha a vantagem de ser um processo contínuo, progressivo e dinâmico, marcado por etapas. O catecumenato incluía ritos e celebrações que conduziam à experiência do mistério de Deus. Envolvia toda a comunidade. Tinha caráter educativo e doutrinal e promovia a experiência e o compromisso. O catecumenato, depois de muito tempo em desuso, foi restaurado pela Igreja em 1972 pela promulgação do Ritual de Iniciação Cristã de Adultos (RICA). Hoje é fonte de inspiração e itinerário para toda a catequese.

Sendo inspiração para toda a catequese, o catecumenato nos apresenta um método marcado por etapas e celebrações. As etapas são como um itinerário, um caminho que conduz os catequizandos, a comunidade, as famílias e os ministros ao núcleo da fé. Esse caminho pode ser descrito graficamente:

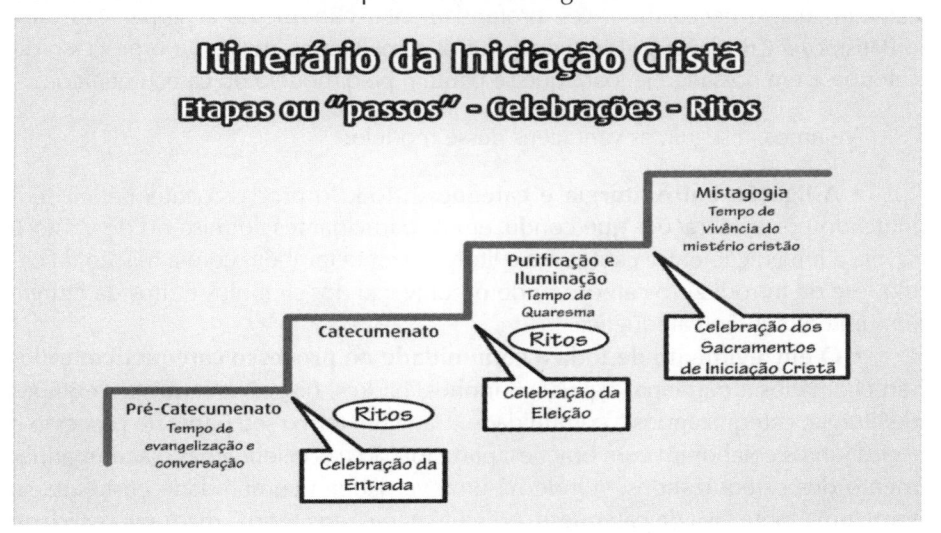

Itinerário da Iniciação Cristã
Etapas ou "passos" - Celebrações - Ritos

- **Pré-Catecumenato** — Tempo de evangelização e conversação
- Celebração da Entrada
- Ritos
- **Catecumenato**
- Celebração da Eleição
- Ritos
- **Purificação e Iluminação** — Tempo de Quaresma
- Celebração dos Sacramentos de Iniciação Cristã
- **Mistagogia** — Tempo de vivência do mistério cristão

Fonte: Pe. Lúcio Zorzi, *Uma proposta de catecumenato, com o RICA simplificado*. São Paulo, Paulinas, 2009.

Pré-catecumenato: é o momento do primeiro anúncio, em vista da conversão, quando se explicita o carisma (primeira evangelização) e se estabelecem os primeiros contatos com a comunidade cristã (cf. RICA, n. 9-13);

Catecumenato propriamente dito: é destinado à catequese integral, à prática da vida cristã, às celebrações e ao testemunho da fé (cf. RICA, n. 14-20);

Tempo da purificação e iluminação: é dedicado a preparar mais intensamente o espírito e o coração do catecúmeno, intensificando a conversão e a vida interior (cf. RICA, n. 21-26); nessa fase recebem os sacramentos da iniciação: Batismo, Confirmação e Eucaristia (cf. RICA, n. 27-36);

Tempo da mistagogia: visa ao progresso no conhecimento do mistério pascal por meio de novas explanações, sobretudo da experiência dos sacramentos recebidos, e ao começo da participação integral na comunidade (cf. RICA, n. 37-40).

A nossa catequese inspirada pelo processo catecumenal

Conforme nos ensina o RICA (n. 295-305) e o *Diretório Nacional de Catequese* (n. 45-50), as etapas do processo catecumenal se aplicam a qualquer tipo de catequese pós-batismal, levando-se em conta que a catequese se refere aos já batizados e o catecumenato aos não batizados (catecúmenos). A catequese de "inspiração catecumenal" ajuda a transformar a catequese em processo mais dinâmico, integral, envolvendo toda a comunidade e colaborando para que toda ela possa crescer nesse caminho.

A Igreja nos indica esse caminho catecumenal porque nosso processo de crescimento na fé é permanente; os sacramentos alimentam esse processo e têm consequências na vida. Diante da importância de assumir uma catequese de feição catecumenal, é necessário rever, profundamente, não apenas a preparação para o Batismo, a Crisma, o Matrimônio e outros semelhantes, mas todo o processo de catequese em nossa Igreja, para que se pautem pelo modelo do catecumenato.

Vejamos, a seguir, as vantagens desse modelo:

• **A ligação entre liturgia e catequese:** todo o processo catequético será marcado por celebrações que conduzem os participantes ao mistério de Cristo e revela a integração entre catequese e liturgia. Conta também com a missão da catequese de introduzir o catequizando no universo dos símbolos e ritos da liturgia em uma dimensão catequética.

• **O envolvimento de toda a comunidade no processo catequético:** todos são chamados a participar – pais, padrinhos, padres, bispos, catequistas, equipes de liturgia, catequizandos e comunidade. Cada um tem o seu papel no processo e todos juntos colaboram com orações, participação nas celebrações e acompanhamento dos catequizandos. "Onde há uma verdadeira comunidade cristã, ela se torna uma fonte viva da catequese, pois a fé não é uma teoria, mas uma realidade vivida pelos membros da comunidade" (*Documento de Aparecida*, n. 52).

• **O caráter processual, dinâmico e progressivo:** a catequese assume um rosto diferente. Deixa de ser um curso para se tornar um caminho, um itinerário marcado por etapas que conduzem a Jesus Cristo e ao Reino de Deus. Pouco a pouco se promove e se verifica um crescimento e amadurecimento na fé. A catequese não prepara simplesmente para este ou aquele sacramento. O sacramento é uma consequência da adesão à proposta do Reino, vivida na Igreja.

• **A ligação entre as etapas da iniciação:** Batismo, Crisma e Eucaristia são celebrações de um processo único. Elas se complementam, se incluem e se exigem. O Batismo nos incorpora a Cristo, fazendo-nos participantes de sua morte e ressurreição. A Crisma, pela ação do Espírito Santo, nos configura ao Senhor, conduzindo a Igreja à vida plena. A Eucaristia realiza a unidade da Igreja, abre acesso à vida divina e leva-nos a participar da oferenda de Cristo. De tal modo se complementam os três sacramentos da Iniciação Cristã que proporcionam aos fiéis atingirem a plenitude da sua estatura no exercício da sua missão de povo cristão no mundo e na Igreja.

- **O conhecimento doutrinal ligado à experiência da fé:** a estrutura do processo catecumenal promove uma conversão para atitudes e comportamentos cristãos. Envolve o ensino da doutrina aliado à dimensão celebrativa-litúrgica da fé. O catequizando e todos os envolvidos no processo se defrontam com uma formação integral, que leva em conta o saber e o experimentar. Assim podem, pelo conhecimento e pela experiência, fazer a sua adesão a Jesus Cristo e ao Reino.
- **A exigência do testemunho:** para a comunidade, com todos os seus envolvidos, é exigido um processo de conversão diante do processo catequético de inspiração catecumenal. O itinerário proposto necessita de catequistas que participam das celebrações, padres envolvidos no processo catequético, pais presentes, padrinhos interessados e comunidades atuantes. Todos estão envolvidos! De fato, tal iniciação cristã deve ser obra não apenas dos catequistas e dos presbíteros, mas também da comunidade de fiéis e, sobretudo, dos padrinhos (cf. *Diretório nacional de catequese*, n. 237). A instituição catecumenal incrementa assim, na Igreja, a consciência da sua maternidade espiritual.
- **O envolvimento da pessoa inteira:** o processo catecumenal, por seu caráter dinâmico, envolve a pessoa inteira, em todas as suas dimensões (afetiva, corporal, racional e espiritual). As celebrações, por seu caráter ritual e simbólico, atingem áreas profundas do ser. O ensinamento doutrinal encontra correspondência nos momentos de oração e celebração. Assim, envolvidos por inteiro e apoiados pelo saber e pela experiência, os catequizandos são mais facilmente conduzidos a uma escolha, a uma opção de vida. Em virtude de sua própria dinâmica interna, a fé precisa ser conhecida, celebrada, vivida e cultivada na oração. E como ela deve ser vivida em comunidade e anunciada na missão, precisa ser compartilhada, testemunhada e anunciada.
- **Um processo contínuo:** a catequese inspirada pelo catecumenato nos leva a assumi-la como processo que não se interrompe com a celebração de cada sacramento da iniciação, mas que continua como exigência da vida cristã. Essa inspiração nos desafia a encarar a catequese como processo contínuo da vida cristã, que se nutre e amadurece na caminhada de fé e na liturgia celebrada. A recepção dos sacramentos, correspondendo à adesão que se faz a Jesus Cristo e ao Reino, não é resultado apenas da quantidade de encontros frequentados, mas do processo de amadurecimento na fé.

Mãos à obra – Em busca de uma catequese nova

Depois de tomar um conhecimento básico a respeito do processo catecumenal e da sua inspiração para a nossa catequese, precisamos conhecer como vamos fazer isso acontecer. Já sabemos que esta proposta é uma grande resposta a muitas dificuldades que encontramos no ministério catequético. Mas não basta. Precisamos dar passos concretos para realizar esse caminho e para buscar um crescimento comum e ordenado para a catequese em nossas comunidades.

O manual

O novo livro que trazemos em mãos (manual) é muito importante na primeira fase de implantação da catequese de inspiração catecumenal. Contém os roteiros para os encontros, as celebrações e entregas, a explicação do método de trabalho, o esclarecimento de dúvidas, propostas de formação e conteúdo para o bom desempenho dos encontros e de todo o processo catequético de inspiração catecumenal. Mas o manual por si não resolve muita coisa. Precisa ser assumido por todos, ser conhecido, lido, divulgado e estudado por catequistas, padres, pais, padrinhos, catequizandos e toda a comunidade. O manual também necessita de correções e melhorias, de olhos atentos para indicar lacunas, falhas e acertos.

Para que seja um livro útil ao processo catequético é preciso que se diga o que está bom, o que precisa aprimorar, o que não está claro, o que precisa continuar, ou até mesmo ser aprofundado. O manual precisa de mãos, olhares e corações alertas. O manual precisa de você!

O planejamento

Planejar é fazer planos. É estabelecer metas, objetivos. É saber o que se busca e aonde se quer chegar. É medir o tempo e calcular os prazos. É controlar as falhas e, se possível, prevê-las. É vibrar com os acertos e comemorar os ganhos. Planejar é o melhor caminho de fazer algo dar certo. Sem o planejamento o trabalho fica entregue aos sabores da sorte, do improviso, das surpresas... Isso não é bom para a catequese. Por ser uma área vital da pastoral da Igreja, a catequese precisa de planejamento. Sobretudo quando se operam grandes mudanças, o planejamento se torna fundamental, imprescindível. Para realizar o planejamento, sugerimos algumas ações concretas:

• **Leitura do manual:** o conhecimento pessoal e a intimidade com o texto são importantes para o sucesso da proposta.

• **Confecção de um calendário:** o calendário supõe o conhecimento do número de encontros, a necessária coincidência de algumas etapas com o ano litúrgico, a previsão de feriados e férias, a ocorrência de celebrações ao longo do ano.

• **Encontros de formação:** a formação é outro ingrediente que não pode faltar. Ela vai possibilitar o conhecimento e aprofundamento da catequese de inspiração catecumenal. Padres, catequistas, equipes de liturgia, pais, padrinhos e introdutores devem, cada um a seu tempo e a seu modo, buscar a formação para o processo catecumenal. É importante que se conheça o *Ritual de iniciação cristã de adultos* (RICA), o *Diretório nacional de catequese* (DNC) e o novo manual de catequese da diocese. Além disso, uma boa formação litúrgica e o conhecimento de métodos como o da Leitura Orante são fundamentais para o bom funcionamento dos encontros e de todo o itinerário proposto no manual. Também a comunidade necessita ser informada e formada para acolher e aderir a este novo modelo catequético.

• **Preparação dos ministérios:** os ministérios desempenham funções específicas e essenciais ao processo catequético de inspiração catecumenal. Neste novo caminho, não só os catequistas são responsáveis pela catequese, mas também pais, padrinhos, introdutores, equipes de liturgia, padre, bispo e a comunidade.

- **Preparação das celebrações:** a preparação das celebrações supõe conhecimento do que se celebra, divisão de tarefas, tempo e treinamento para que ocorram da melhor forma possível. O grupo de catequistas e o padre devem solicitar a colaboração e a participação da equipe de liturgia. O trabalho conjunto de preparação das celebrações vai resultar em momentos litúrgicos significativos para todos.
- **Momentos de avaliação da caminhada:** vez por outra é bom parar e olhar a caminhada: o que foi bom? O que poderia ser melhor? Onde estão as falhas e onde estão as conquistas? Atingimos os objetivos propostos? Por quê? A avaliação vai ajudar a valorizar os ganhos e a evitar os erros que já foram cometidos.
- **Engajamento:** a adesão e o esforço só contribuirão para fazer acontecer o que é sonho de todos. Aderir é fundamental, mesmo que não se compreenda tudo, ou até mesmo que não se concorde com tudo. Caminhar juntos, fazer esforços comuns e empenhar tempo vai levar-nos ao fim, com uma sensação de dever cumprido, de realização, de alegre e justa satisfação de ter feito a vontade de Deus.
- **Divulgação:** precisamos também de uma boa divulgação desse novo caminho. Todos devem saber que estamos iniciando algo novo em vista do bem comum, do bem da nossa Igreja. A boa divulgação vai gerar novas adesões, atrair pessoas interessadas e envolver gente nova para construir esse sonho de um novo itinerário para a nossa catequese.

Agora valem as palavras de ordem: itinerário, método, caminho, ligação liturgia e catequese, ligação catequese e vida, encontros celebrativos, Leitura Orante da Bíblia, saber e sabor, processo dinâmico e progressivo, iniciação, etapas integradas, doutrina e experiência, planejamento, dedicação, adesão...

Todas essas palavras servem para resumir o que vislumbramos no sonho de uma catequese de inspiração catecumenal. São palavras que traduzem a VIDA escondida nas nossas comunidades e no esforço pessoal e coletivo de iniciar um caminho novo.

Encontros para uma catequese de inspiração catecumenal: temas, métodos e celebrações em torno do Mistério

Os encontros são muito importantes para o processo catequético de inspiração catecumenal. Compõem grande parte desse processo e são decisivos para a opção do catequizando pelo caminho de Jesus.

Neste novo modelo, queremos atingir o que nos propõe o RICA quando diz que a catequese ministrada pelos sacerdotes, diáconos, catequistas e outros leigos, distribuída por etapas e integralmente transmitida, relacionada com o ano litúrgico e apoiada nas celebrações da Palavra, leva os catecúmenos não só ao conhecimento dos dogmas e preceitos, como à íntima percepção do mistério da salvação de que desejam participar.

"Conhecimento dos dogmas e preceitos" e "íntima percepção do mistério", objetivos de uma catequese de inspiração catecumenal, são os dois lados da mesma moeda, ou a dobradiça que faz abrir a porta para entrarmos na vida cristã.

Poderíamos também dizer isso de uma outra forma: a catequese, do jeito catecumenal, conduz os catequizandos a conhecer e a saborear o caminho de Jesus Cristo e do seu Evangelho, do qual querem fazer parte.

O jeito catecumenal já foi explicitado anteriormente: é a catequese distribuída em etapas, integralmente transmitida, relacionada com o ano litúrgico e apoiada nas celebrações da Palavra. É o próprio método do catecumenato. Para marcar bem esse método, ele necessita ser processo dinâmico e progressivo. É algo que avança, com ritmo e força, possui inteligibilidade e lógica. Faz crescer, atingir metas e objetivos claros.

Um caminho seguro e conhecido

Voltando aos encontros, podemos então nos perguntar: como vamos fazer para tornar nossos encontros de catequese lugar de conhecimento, aprofundamento da fé, adesão a Jesus Cristo e de experiência? A sabedoria da Igreja, acumulada ao longo dos séculos, nos dá um caminho: os conteúdos do *Catecismo da Igreja Católica* aliados ao método da Leitura Orante da Bíblia. Os conteúdos do *Catecismo* foram, neste manual, adaptados e elencados segundo as necessidades e condições dos catequizandos em idade de catequese e segundo os objetivos de cada etapa do processo catecumenal. Já o método da Leitura Orante da Bíblia, aplicado aos encontros, ajudará os catequizandos a conhecer e a experimentar o Mistério de Jesus. Neste texto, vamos aprofundar o método da Leitura Orante aplicado aos encontros de catequese.

O método da Leitura Orante nasceu por iniciativa do monge cartuxo chamado Guigo, no século XIII. Guigo sistematizou os conhecimentos e a milenar prática da Igreja de ler e interpretar a Sagrada Escritura. Utilizando a imagem de uma escada, como a de Jacó (Gn 28,10-16), faz a exposição de seu método em quatro degraus que conduzem a Deus: a Leitura, a Meditação, a Oração e a Contemplação.

Aonde queremos chegar?

Guigo pretende com isso fazer-nos ouvir a Palavra de Deus. Entretanto, muitas vezes abrimos a Bíblia com imensa vontade e interesse de tirar mensagens, buscar respostas, ou até mesmo para justificar o que pensamos, como se a Bíblia fosse um cabide onde dependuramos as nossas ideias. O método da Leitura Orante segue por outro caminho. Ele quer nos ajudar a ouvir o que Deus tem a nos dizer, independentemente do que a gente pensa, sente ou busca. O que Ele tem a nos dizer, certamente, atende a essas necessidades e as ultrapassa. O que Ele nos fala é mais importante e necessário. É melhor do que aquilo que pensamos ser bom para nós. Para isso precisamos ouvir Deus. Na Leitura Orante deixamos essas coisas de lado, para outro momento, e iniciamos um caminho de abrir os ouvidos e o coração.

A palavra método quer dizer caminho. Quando propomos um método, estamos propondo um caminho para chegar a algum lugar. Aonde queremos chegar usando o método da Leitura Orante nos encontros de catequese? O objetivo não pode ser outro senão aquele apontado anteriormente: "conhecimento dos dogmas e preceitos e íntima percepção do mistério" ou, em outras palavras, "conhecer e saborear o caminho de Jesus Cristo e do seu Evangelho". Vamos fazer isso de forma orante, isto é, em clima de escuta atenta e respeitosa, de oração, de muita abertura a Deus e de busca intensa de sua vontade.

Dois elementos a mais

Dois degraus foram acrescentados ao método proposto por Guigo. Um no início do método e outro no final. Tomamos essa liberdade amparados na leitura do episódio dos discípulos de Emaús (cf. Lc 24,13-35). No encontro com o Ressuscitado, os dois caminheiros são interpelados por Jesus: "O que é que vocês andam conversando pelo caminho?". É a pergunta pela vida, pelos acontecimentos. Jesus nos mostra que Deus nos fala pelas páginas da vida, antes de falar pelas páginas da Bíblia. São os dois livros onde Deus nos deixou sua Palavra. Só depois "Jesus explicava para os discípulos todas as passagens da escritura que falavam a respeito dele": é a Leitura da Bíblia, momento de contato com o texto dela.

Em seguida se coloca com os dois à mesa, onde "tomou o pão e abençoou, depois partiu e deu a eles": é a oração. Quando Jesus desapareceu, os discípulos abriram os olhos e perceberam que era Ele o tempo todo. Perceberam, ainda, que tinham alguma coisa queimando no peito. No caminho eles foram conduzidos à experiência da ressurreição, à experiência da Aliança. É a contemplação.

Depois dessa experiência, os dois retomaram o caminho de volta a Jerusalém, onde vão testemunhar. É o momento do compromisso, o último passo do nosso método. Mas notem bem: no centro desse caminho estão garantidos os quatro degraus propostos por Guigo!

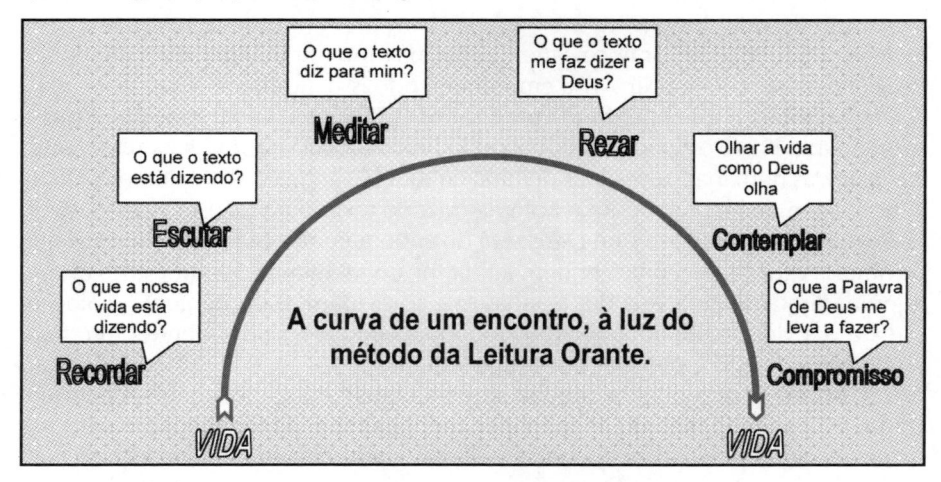

A curva de um encontro, à luz do método da Leitura Orante.

- Escutar — O que o texto está dizendo?
- Meditar — O que o texto diz para mim?
- Rezar — O que o texto me faz dizer a Deus?
- Contemplar — Olhar a vida como Deus olha
- Recordar — O que a nossa vida está dizendo? (VIDA)
- Compromisso — O que a Palavra de Deus me leva a fazer? (VIDA)

Curvatura de um encontro

Traduzindo o método para os nossos encontros

Apliquemos essa proposta aos nossos encontros. O primeiro momento é de acolhida dos catequizandos. Essa acolhida faz parte do processo, mas ainda não é o método. Com uma boa acolhida, o catequista começa a preparar o clima interno dos catequizandos (sentimentos, percepção, bem-estar, abertura) e o clima externo do grupo (amizade, harmonia, bem-querer, sintonia). Isso é um pressuposto, faz parte da vida. Mas é igualmente educativo e lucrativo para todos. A boa acolhida pode determinar o bom desempenho do encontro.

• **Recordar: o que a nossa vida está dizendo?** É o momento de introduzir o tema do encontro a partir da vida dos catequizandos. Não é uma atividade espontânea ou desinteressada. É algo direcionado ao tema a ser tratado. Pode ser feito de várias formas: por uma boa conversa, uma dinâmica, um trabalho em grupo. A forma varia conforme o tema, mas o interesse é captar como os catequizandos experienciam determinado assunto. Ainda não é hora de falar da Bíblia. É hora sim de descobrir no terreno da vida as sementes da Palavra deixadas por Deus.

• **Escutar: o que o texto está dizendo?** Tendo ouvido a vida, chega o momento de ouvir a Palavra de Deus. Seria bom começar com algum canto de acolhida da Bíblia, ou de incentivo à escuta. Pequenos gestos como acender uma vela, beijar a Bíblia e fazer silêncio podem ajudar. O texto, escolhido conforme o tema, deve ser lido, relido e lido novamente. A repetição tem uma razão: fazer escutar, educar os ouvidos. Isso pode ser feito de diversas formas: alternando os leitores, lendo em silêncio, em grupo, ou incluindo todos, caso as Bíblias tenham a mesma versão da Sagrada Escritura. Outra maneira seria fazer os catequizandos recontarem o que ouviram. Algumas perguntas podem ajudar a compreender o que o texto está dizendo: Quem está falando? Para quem está falando? O que está narrando o texto? Quais são as pessoas envolvidas? O que chamou a atenção no texto? Cuidado! Ainda não é hora de tirar mensagens, ou de aplicar o texto para a situação de vida dos ouvintes. É bom permanecer dentro deste limite: O que o texto está dizendo? Se for necessário, cantar mais um refrão, fazer mais um pouco de silêncio, ou reler o texto. Vão em frente! Tudo isso ajuda a escutar.

• **Meditar: o que o texto diz para mim?** A Bíblia é como a semente. Precisa ser plantada para romper e fazer nascer o broto da Palavra de Deus. De dentro das palavras humanas, revestidas de uma cultura tão antiga, vai ser desentranhada a mensagem divina. Agora sim é hora de trazer o texto para a nossa vida. A meditação vai ajudar a ouvir o que Deus está dizendo para nós por meio do texto que ouvimos. Algumas perguntas podem ajudar nesse momento. São questões que se referem diretamente à vida das pessoas que participam. Essas perguntas colocam o texto e a vida frente a frente. Depois, seria bom cantar novamente um refrão, ler de novo o texto e silenciar por alguns instantes.

• **Rezar: o que o texto me faz dizer a Deus?** Todo o encontro é feito em clima de oração. O método se chama Leitura Orante. Mas a oração que perpassa o encontro do início ao fim encontra, neste momento específico, um espaço para fazer ressoar a Palavra de Deus. É a nossa resposta ao que Ele nos falou. Pode ser um pedido, um louvor, um pedido de perdão, uma bendição. Não importa!

Quem determina a resposta é a própria Palavra, que lateja no coração da vida. Pode ser uma prece espontânea, um salmo, um momento de silêncio, um canto de louvor, ou de penitência, desde que esteja em sintonia com a Palavra de Deus que foi meditada. Nos encontros vamos sempre privilegiar uma forma: os salmos. As demais formas não se excluem, mas elas não superam os salmos como nossa resposta mais apropriada à Palavra de Deus. Uma dica: oramos quando falamos a Deus diretamente. Quando falamos de Deus, podemos arriscar a falar para nós mesmos... O momento da oração nos leva a responder à questão: O que este texto me leva a dizer a Deus?

• **Contemplar: olhar a vida como Deus olha.** É enxergar as coisas com os olhos de Deus. É perceber as maravilhas que Ele fez em nós e por nós. É reconhecer que Deus é bom e que nos conduz à vida. É um momento de pura gratuidade e abertura para que o mistério de Deus vá entrando na vida da gente. A contemplação pode ser feita de diversas formas: com os catequizandos, por motivos pedagógicos, por uma dinâmica, por uma partilha intercalada, por um refrão, ou por um relaxamento. A contemplação é o momento de degustar, saborear e perceber a Palavra de Deus agindo na vida da gente. É trazer para dentro da nossa história a experiência do templo (com – templar). É olhar pela janela do coração e ver os grandes feitos de Deus.

• **Compromisso: o que a Palavra de Deus me leva a fazer?** A Leitura Orante é uma verdadeira experiência de Deus. Quem experimenta fazer parte desse caminho não volta para casa sem estar profundamente empenhado com o Reino. No caso dos catequizandos, pequenas tarefas ajudarão a realizar esse objetivo. Elas vão suscitar desde cedo o necessário testemunho que acompanha a vida cristã.

Algumas dicas

• **Não ter medo da repetição do método.** A novidade está no conteúdo e na Palavra de Deus, não nas coisas que inventamos para cada encontro. Os catequizandos gostam de repetição. Eles se situam e entram no jogo do encontro.

• **Respeitar os momentos do método.** Quem o conduz vai ajudar os participantes a seguir os passos propostos. O sucesso do método depende do respeito aos momentos e às suas propostas.

• **Os roteiros dos encontros pretendem colaborar com a formação dos catequizandos.** Não é proibido fazer alterações. Mas é imprescindível a leitura prévia do encontro e a preparação. O sucesso do método depende de uma boa preparação. Improvisação e despreparo não ajudam, só atrapalham.

• **O catequizando não precisa conhecer o método.** Quem deve conhecê-lo é o catequista. Saber fazer é uma das tarefas desse ministério. Boa vontade, dedicação e preparação são os segredos de um encontro frutuoso.

Primeira etapa
da Catequese Eucarística

1º Encontro

Ao encontro de um grande amigo

Objetivo: Estabelecer vínculos de amizade, confiança e bem-querer com os catequizandos, em clima de alegria e festa.

Preparar: Bíblia, vela, crachás com o nome e uma virtude com a inicial do nome (Ex.: Caroline – caridade, Eduarda – educada, José – justiça), flores, aparelho de som, cartaz de boas-vindas, lista dos nomes dos catequizandos com a qualidade da inicial do respectivo nome, pétalas recortadas para formar um girassol, em cujo miolo o catequista escreve o nome Jesus.

O ambiente: Neste encontro vamos dar mais atenção ao conhecimento dos catequizandos, promovendo o entrosamento e o conhecimento mútuo. O catequista, com a lista dos nomes dos catequizandos e uma qualidade com a inicial de cada nome, recebe os catequizandos em clima festivo: música, flores, cartaz de boas-vindas em local bem visível. Colocar o crachá nos catequizandos, abraçar e dar boas-vindas. Desliga-se a música e todos se colocam em círculo.

Para você, catequista: Ler todo o encontro previamente. Falar espontaneamente da alegria em recebê-los e conhecê-los. Deixar claro que o mais importante é conhecer melhor Jesus, fazer amizade com Ele, entrar no seu caminho e aceitar sua proposta de vida. Ele é o melhor amigo que se pode ter! Pela catequese vamos conhecê-lo mais profundamente, aprender a falar com Ele pela oração, ouvir seus ensinamentos e saber de tudo o que Ele fez. Foi Jesus quem chamou cada um, por intermédio das pessoas que fizeram o convite para participar da catequese. Jesus sempre dedicou um amor grande para com as crianças. Hoje, Ele mostra um carinho especial pelos catequizandos presentes neste encontro.

Recordar – O que a nossa vida está dizendo?
Quem somos?
Começando pelo catequista, cada um diz o próprio nome. Após o catequizando pronunciar o seu nome, o catequista acrescenta uma qualidade correspondente à inicial do nome. Ex.: Caroline – caridade, Eduarda – educada, José – justiça), seguindo a lista previamente preparada. Em seguida, ao som da música, todos andam pela sala em duplas; um diz ao outro o nome, dá um aperto de mão e lhe deseja boas-vindas. Cada vez que a música parar, trocar de par. Em seguida, o catequista chama cada um pelo nome e os catequizandos voltam aos seus lugares.

Canto de boas-vindas.

O nome dos colegas
O catequista distribui uma pétala recortada para cada catequizando escrever o próprio nome e lembrar que todas as pétalas são importantes para formar a flor. Seria bom que a flor em questão fosse um girassol. Cristo é chamado de "sol da justiça", "sol nascente" que veio visitar-nos (cf. Lc 1,78); Deus é "sol e escudo" (cf. Sl 84,12). Convida para fixar a pétala no painel, formando o girassol. Todos retornam aos seus lugares para iniciar a Leitura Orante.

O catequista pergunta:
- Você tem amigos de verdade?
- O que é ser amigo de verdade?
- Quem convidou você para participar da catequese?
- Qual é a relação dessas pessoas que convidaram você com Jesus?
- Sendo pessoas amigas de Jesus, será que elas gostariam que também você fosse amigo d' Ele?

Escutar – O que o texto está dizendo?
Canto: de aclamação ao Evangelho (a escolher).
Ler Mc 10,13-16.

O catequista proclama o texto e todos escutam. Se necessário, proclamá-lo duas ou três vezes, pausadamente. Depois, conversa a respeito das perguntas abaixo. Deixar os catequizandos falarem ou propor que eles recontem o texto. Complementar, se necessário.

- Quais as pessoas que aparecem no texto?
- O que fizeram os discípulos?
- O que fez Jesus?

Meditar – O que o texto diz para mim?
- Como posso corresponder ao amor de Jesus?
- O que o exemplo de Jesus me ensina?

Rezar – O que o texto me faz dizer a Deus?
O catequista reza e todos repetem:

> Obrigado, Jesus, porque estou na catequese.
> Obrigado, Jesus, porque és meu amigo.
> Obrigado, Jesus, porque Tu nos escolheste.
> Obrigado, porque Tu me deste novos amigos.
>
> Olha para nós, Jesus, teus amigos e amigas
> que obedecemos ao teu chamado e queremos te conhecer melhor.
> Como acolheste as crianças e as abençoaste,
> acolhe e abençoa agora cada um de nós aqui presente
> para que estejamos sempre juntos de ti
> e nos alegremos em ser teus amigos. Amém!

Canto: (com mensagem de amizade)

Contemplar – Olhar a vida como Deus olha
Apresentar o desenho de Jesus com as crianças. Dar tempo para que os catequizandos observem a gravura em silêncio, com uma música suave de fundo... Pedir para se imaginarem recebendo um abraço de Jesus. Depois, o catequista abraça cada um dos catequizandos, dizendo: "Eu te quero bem!".

Repete-se o canto anterior.

Compromisso – O que a Palavra de Deus me leva a fazer?
Vou escrever o que farei para ficar unido a Jesus.

> **Lembrete:** O catequista solicita aos catequizandos que perguntem aos próprios pais por que lhe deram o nome que possuem. No próximo encontro cada um vai contar a história do seu próprio nome.

Para concluir este encontro, o catequista pronuncia o nome de cada catequizando, coloca a mão sobre a cabeça de cada um, abençoando-o e diz: (Nome), que o Pai do Céu te abençoe! Que Jesus te acompanhe. E que o Espírito Santo te guie até o nosso próximo encontro!

Celebração de acolhida dos catequizandos

Nessa celebração, que narra o início da etapa ou degrau da evangelização ou pré-catecumenato, entregaremos aos catequizandos um pequeno livro de histórias bíblicas e orações ilustrado. A equipe de catequese poderá escolher o que achar mais adequado (sugestão "O meu amigo Jesus"), Ed. PAULUS.

Objetivos: Apresentar os catequizandos à comunidade reunida, fazendo-os tomar conhecimento dos que vão ingressar na preparação para etapa da iniciação eucarística. Serão apresentados também os pais, os padrinhos e os introdutores para os catequizandos não batizados.

Observações
- Optamos pela celebração dominical, ou quando a comunidade já está reunida, para não sobrecarregar o calendário da catequese.
- Os ritos aqui propostos são adaptações da celebração que consta no RICA, n. 316-321. É importante conhecer o texto original.
- Levamos em conta que os catequizandos, em geral, já são batizados. Para os não batizados faremos indicações no roteiro.
- São ministros da celebração: o bispo, o padre, os catequistas, a equipe de liturgia e seus ministérios, e o diácono. Onde e quando for possível, cada comunidade procura, dentro da sua realidade, contar com alguns desses ministros.
- Estes ritos dispensam o ato penitencial, o "Senhor, tende piedade de nós" e o hino "Glória a Deus".
- Seria oportuno preparar os catequizandos para a celebração, com ensaio das músicas e uma conversa sobre os ritos.
- Ler com antecedência a celebração e preparar o que for necessário: símbolos e ritos, ministérios, folhetos, lista com os nomes dos catequizandos e outros elementos.

1. Chegada

Os catequizandos, os pais, os padrinhos de Batismo (para os batizados) e pais e introdutores (para os não batizados) permanecem do lado de fora da igreja. Também a comunidade se reúne do lado de fora. A equipe de liturgia prepara a cruz processional, velas e os cantos indicados. Pode haver um canto de boas-vindas.

2. Saudação e exortação

Presidente: Em nome do Pai e do Filho e do Espírito Santo.
Todos: **Amém.**
Presidente: Deus, que ilumina os nossos corações para o seu amor e a perseverança em Cristo, esteja com todos vocês!
Todos: **Bendito seja Deus, que nos reuniu no amor de Cristo.**
Catequista: Queridos catequizandos, hoje nos reunimos aqui para celebrar a acolhida de vocês na etapa da iniciação eucarística. Vocês, que já foram batizados, agora são chamados por Jesus a participar da mesa da Eucaristia.

Se houver os que ainda não foram batizados:

Catequista: E vocês, N., que se prepararão para a vida cristã e receberão o Batismo e a Eucaristia, Jesus escolheu vocês para fazerem parte da vida dele. Nós estamos muito felizes com a presença de todos vocês, de seus pais, padrinhos e introdutores. Sejam todos bem-vindos!

3. Diálogo

Presidente: Queridos catequizandos, vocês vieram aqui hoje, no dia em que a nossa comunidade se reúne para celebrar a memória do Senhor. O que vocês querem?

Catequizandos: Queremos viver a vida com Jesus, sendo cristãos, membros da Igreja Católica e mais amigos de Jesus.

Presidente: Como vocês creem no Cristo, já foram batizados e querem ser preparados para a Eucaristia, nós estamos de acordo em recebê-los para a catequese eucarística. Vocês já são parte da nossa família. Mas agora vão aprofundar sua participação na vida de Jesus, na comunhão eucarística e no amor ao próximo.

Dirigindo-se àqueles ainda não batizados, se houver:

Presidente: E vocês que desejam ser preparados para o Batismo e para a Eucaristia, nós os acolhemos com muita alegria na família dos cristãos, para que conheçam cada vez mais a Jesus. Conosco, vocês vão procurar viver como filhos e filhas de Deus, conforme o Cristo nos ensinou. Por isso, procurem amar a Deus de todo o coração e amar-se uns aos outros assim como Jesus nos amou. Vocês desejam seguir este caminho?

Catecúmenos: Sim, queremos viver a vida com Jesus, seguindo-o e tornando-nos cristãos, membros da Igreja Católica e mais amigos de Jesus.

Catequista: Se a comunidade estiver de acordo, queira manifestar-se.

Dar tempo para a comunidade se manifestar com palmas ou com algum canto apropriado de ação de graças.

Catequista: Queridos catequizandos e catecúmenos, peçam agora a seus pais, padrinhos e introdutores que se aproximem com vocês para darem sua licença.

Os catequizandos conduzem os pais e padrinhos do Batismo a quem preside a celebração. A mesma coisa fazem os catecúmenos recebendo a licença dos seus pais e introdutores.

Presidente: Caros pais, padrinhos e introdutores, seus filhos pedem que os preparemos para a Eucaristia. Alguns pedem que os preparemos para o Batismo e a Eucaristia. Vocês estão de acordo com o desejo deles?

Pais: Sim, nós estamos.

Presidente:	Vocês estão dispostos a colaborar nessa preparação?
Pais:	Sim, nós estamos.
Presidente:	Para continuarem o caminho que foi iniciado no Batismo, estes catequizandos precisam, mais uma vez, do auxílio de nossa fé e caridade. Por isso pergunto também a vocês, membros desta comunidade (nome da comunidade): vocês estão dispostos a ajudá-los a se prepararem para participar da mesa da Eucaristia?
Assembleia:	Sim, nós estamos.

Havendo aqueles que ainda não receberam o Batismo, se diz:

Presidente:	Para continuarem o caminho hoje iniciado, estes catecúmenos que irão receber o Batismo precisam do auxílio de nossa fé e caridade. Por isso, pergunto também a vocês, meus irmãos, membros da comunidade (nome da comunidade): vocês estão dispostos a ajudá-los a se aproximarem progressivamente do Batismo e da Eucaristia?
Assembleia:	Sim, nós estamos.

4. Ingresso na Igreja e canto de entrada

Presidente:	Disse Jesus: "Eu sou a porta das ovelhas. Quem entra por mim, será salvo. Entrará e sairá, e encontrará pastagem". Entremos pela porta que é Cristo! Caminhemos em procissão até a Igreja.

Enquanto entram em procissão na Igreja e tomam os seus lugares, canta-se uma música que fale da alegria de participar da comunidade cristã. O presidente conclui o rito com a oração do dia. Segue a Liturgia da Palavra do Domingo. Na homilia, o presidente procure considerar primeiramente os catequizandos, os pais e padrinhos e o momento que celebram junto à comunidade. As preces devem incluir petições pelos catequizandos que ingressam na catequese eucarística e por aqueles que ingressam na catequese batismal, se houver. Os catequizandos podem participar mais ativamente da celebração nas procissões, aproximando-se do ambão durante a aclamação ao Evangelho, para ouvir a proclamação de perto.

5. Entrega do livro *Deus fala a seus filhos* (ou da Bíblia)

Com o objetivo de animar e despertar gosto pela leitura da Palavra de Deus, sugerimos a entrega de um livro que contenha histórias da Bíblia escolhido pela equipe de catequese, como indicado na página 23.

Presidente:	Queridos catequizandos e catecúmenos, vocês vão receber agora um livro contendo histórias tiradas da Sagrada Escritura. Este presente é para vocês e também para seus pais. Antes de dormir, peçam a seus pais que os acompanhem na leitura de um dos textos. Assim, quando chegar o dia de receberem a Sagrada Escritura, vocês já estarão acostumados a ouvir a história da nossa salvação.

Os catequizandos se aproximam um a um e recebem o livro das mãos do padre.

Seguem os ritos finais.

2º Encontro

Deus me chama pelo nome

Objetivo: Perceber que Deus me chama pelo nome.

Preparar: Bíblia, vela, canetas ou canetões, duas estrelinhas recortadas para cada catequizando. Frase: "Os nomes de vocês estão escritos nos céus" (Lc 10,20).

O ambiente: Acolher os catequizandos se referindo a cada um pelo nome e manifestando sua alegria pelo encontro com um abraço. Fundo musical. No centro da sala colocar a Bíblia, a vela, flores e a frase "Os nomes de vocês estão escritos nos céus" (Lc 10,20). Convidar para formar duplas e entregar uma estrelinha para escrever o próprio nome. Cada catequizando conta para o outro como seus pais escolheram o seu nome. (Lembrar que a pesquisa do nome foi solicitada no encontro anterior.) Cada catequizando colocará uma estrelinha com o seu nome ao redor da Bíblia.

Para você, catequista: Desde toda a eternidade Deus olhou para cada um de nós com muito amor e carinho. Qualquer que seja a história de cada pessoa, ela está na mente e no coração de Deus. Ele sabe da existência de cada um de nós, conhece-nos e nos chama pelo nome, a cada dia, toda hora. Deus se lembra de todas as pessoas, ama-as, ouve-as e está sempre presente com seu amor eterno. Jesus, que é Filho de Deus, e um amigo muito especial, disse: "...os vossos nomes estão escritos nos céus" (Lc 10,20). O nome supõe relação pessoal de intimidade e de comunhão. O Bom-Pastor conhece suas ovelhas pelo nome (Jo 10,3).

Recordar – O que a nossa vida está dizendo?
O que você sente quando alguém o chama carinhosamente pelo seu nome? E se quem o chama é alguém que o ama muito, você atende? Por quê?

Escutar – O que o texto está dizendo?
Canto: "Tua Palavra é lâmpada para os meus pés, Senhor".
Ler Is 43,1-2.

Acolher a proclamação da Palavra com um canto. Enquanto cantam, a Bíblia passa de mão em mão até chegar às mãos do catequista. Um catequizando, com a vela acesa, permanece ao lado do catequista que faz a leitura. Ao término da leitura, todos se sentam e conversam sobre o texto proclamado.

- No texto que acabamos de ouvir, quem está falando?
- Para quem está falando?
- Como o nome de Deus aparece?
- Como Deus chama?

Meditar – O que o texto diz para mim?

Reler o texto para os catequizandos e depois perguntar:

- O que significa quando Deus me chama pelo nome?
- Quando eu percebo que eu sou de Deus e que Ele me ama?

Fazer um convite para que o catequizando medite o texto lido.

Rezar – O que o texto me faz dizer a Deus?
Vamos agradecer a Deus, porque Ele nos chamou pelo nome, nos ama, protege e porque nós somos dele.

O catequista reza a oração e os catequizados repetem.

Oração
Deus Pai! Eu te agradeço,
porque tu me amas
e me chamas pelo nome.
Que lindo é ter um nome e pertencer a ti!
Tu me queres bem como filho.
Obrigado, Deus Pai, pelo chamado
e pelo nome que recebi dos meus pais.

Canto de louvor a escolher

Contemplar – Olhar a vida como Deus olha
Em silêncio, ler a frase: "Os nomes de vocês estão escritos nos céus!". Pedir que os catequizandos imaginem seu nome sendo pronunciado por Deus e escrito no Livro da Vida. Em círculo, começando pelo catequista, cada um diz o nome de quem está à sua direita e a cada nome pronunciado todos repetem: "O seu nome está escrito no céu".

Compromisso – O que a Palavra de Deus me leva a fazer?
Cada catequizando leva sua estrela para casa e recebe outra, para escrever os nomes das pessoas que ama e do colega com o qual partilhou a história do seu nome. Durante a semana, os catequizandos serão convidados a prestar atenção ao nome das pessoas evitando chamá-las por algum apelido que signifique um defeito da pessoa e que possa provocar humilhação.

3º Encontro

Eu, teu Deus, te chamo, quero falar-te. Escuta-me!

Objetivo: Despertar no catequizando a certeza de que Deus nos chama, fala e quer ser ouvido.

Preparar: Bíblia, vela e cartaz com a frase: "Fala, Senhor, que o teu servo escuta" (1Sm 3,9). Convidar previamente três catequizandos para ensaiar a encenação bíblica.

O ambiente: Receber os catequizandos, colocar em cada um o crachá e pronunciar o seu nome. Colocar no centro da sala: cadeiras em círculo, a Bíblia, velas, flores e a frase: "Fala, Senhor, que o teu servo escuta" (1Sm 3,9).

Para você, catequista: Deus nos ama, nos escuta, nos chama pelo nome e Ele nos quer falar de muitas maneiras: pela sua Palavra, pelas pessoas e pelos acontecimentos. Ele deseja estabelecer uma relação conosco. Em sua grande bondade, chamou com muito amor cada um de nós para participar da sua vida. É encantador como Deus chamou Samuel de uma forma insistente, até ser percebido por Ele! Deus nos chama também. Quer ser nosso amigo. Está em todo o lugar, perto de cada pessoa. Com Jesus e por Jesus, Deus Pai nos chama e convida pelo Espírito Santo a sermos seus filhos queridos.

Recordar – O que a nossa vida está dizendo?
O catequista, com o auxílio de um aparelho de som ligado, chama os catequizandos pelo nome um após o outro, e se ele atender prontamente ao chamando pede para realizar uma das atividades a seguir: dar um abraço, pular, sorrir... Depois conversará com os catequizandos sobre a experiência:

- Ao ser chamado por alguém, você respondeu imediatamente? Por quê?
- Quem conhece alguém que foi chamado a realizar algo importante na comunidade?

- O que você sente quando alguém o chama para alguma coisa?
- Como você responde quando alguém que o ama muito o chama?

Escutar – O que o texto está dizendo?
Ler 1Sm 3,1-10.
Canto: "Fala, Senhor, fala da vida".

Em seguida, o texto pode ser encenado:
Personagem **1** – Samuel fazendo de conta que está dormindo.
Personagem **2** – Eli sentado, de olhos fechados.
Personagem **3** – A voz de Deus.

3 – Ouve-se a voz de Deus chamar: "Samuel! Samuel!".
1 – Samuel se levanta com prontidão, dá passos confusos e, dirigindo-se a Eli, diz: "Estou aqui. O Senhor me chamou?".
2 – Eli responde: "Eu não te chamei, vai deitar-te!".
3 – Novamente a voz chama: "Samuel! Samuel!".
1 – Samuel se levanta e vai aonde está Eli e diz: "Me chamaste, Senhor?".
2 – Eli diz: "Eu não te chamei, vai deitar-te!".
3 – Pela terceira vez ouve-se a voz: "Samuel! Samuel!".
1 – Samuel dirige-se novamente a Eli e diz: "Eis-me aqui!".
2 – Eli disse-lhe: "Vá e torna a deitar-te. Se ouvires que te chamam de novo, responde: 'Fala, Senhor, teu servo escuta'".
1 – Samuel volta a deitar-se.
3 – Deus chama novamente: "Samuel! Samuel!".
1 – Abrindo os braços e olhando para o céu Samuel diz: "Fala, Senhor, que o teu servo escuta".

- Quem chamou Samuel?
- Quantas vezes Samuel ouviu o chamado?
- O que Eli disse a Samuel?
- O que Samuel respondeu ao ser novamente chamado?

Meditar – O que o texto diz para mim?
- Já me senti chamado por Deus?
- Como Deus nos chama ?
- Por que Deus me chama?

Rezar – O que o texto me faz dizer a Deus?
O catequista convida para ler a frase que está no cartaz: "Fala, Senhor, que o teu servo escuta" (1Sm 3,9).
Momento de silêncio.
Com voz clara e empolgante, o catequista reza:

Querido Deus Pai!
Sei que Tu me amas, me conheces e me chamas a cada instante.
Aquece meu coração e abre meus ouvidos para sempre ouvir-te.
Se às vezes não te ouço, continua me chamando,
para que eu possa ouvir-te.
Se não respondo na primeira vez, nem na segunda,
não desista de mim!
Abre meu coração e meus ouvidos para escutar a tua Palavra
e para colocar em prática os teus ensinamentos.
Isto eu te peço, por Jesus, teu Filho e nosso Senhor. Amém.

Canto à escolha.

Contemplar – Olhar a vida como Deus olha
O catequista orienta para que todos fiquem de olhos fechados, imaginando Samuel atento ao chamado de Deus. Escutar Deus dizendo: "Eu quero muito bem a você, estou sempre perto. Sempre que você sente vontade de fazer o bem, sou Eu que o chamo e quero falar-lhe".

Compromisso – O que a Palavra de Deus me leva a fazer?
Durante a semana, ao acordar, quero agradecer a Deus porque Ele me chama e me quer bem. Vou dizer como Samuel: "Senhor, Tu me chamaste? Estou aqui".

No decorrer da semana, também, o catequista orienta os catequizandos para que combinem com os pais para ajudá-los a observar se são obedientes toda vez que são chamados para as coisas boas.

O jeito de Jesus amar os seus amigos: o Bom-Pastor

4º Encontro

Objetivo: Vivenciar o amor e o carinho que Deus tem para com a pessoa humana.

Preparar: Bíblia, mesa, duas velas e a frase: "Eu sou o Bom-Pastor, conheço as minhas ovelhas e as minhas ovelhas me conhecem" (Jo 10,14), escrita numa folha.

O ambiente: Colocar sobre a mesa a Bíblia, duas velas, flores e a frase: "Eu sou o Bom-Pastor, conheço as minhas ovelhas e as minhas ovelhas me conhecem" (Jo 10,14).

Para você, catequista: Fazer lembrança dos encontros anteriores com os catequizandos. Convidar para mergulhar no Mistério Divino, tendo como fio condutor Jesus, o Bom-Pastor. Lembrar que Jesus, quando queria ensinar, utilizava comparações e histórias chamadas parábolas. Neste encontro veremos que Jesus usou a parábola comparando-se ao pastor e nos comparando às ovelhas. Apresentar a frase: "Eu sou o Bom-Pastor, conheço as minhas ovelhas e as minhas ovelhas me conhecem" (Jo 10,14). Jesus se revela como o Bom-Pastor. O pastor que cuida das ovelhas serviu como imagem para expressar aquilo que Deus é na sua relação com a pessoa humana, o cuidado que Ele tem, o carinho e a ternura com que se preocupa com cada um de nós. O amor que experimentamos em Jesus nos leva a conhecer nosso Deus; nossa obediência à sua Palavra o leva a nos reconhecer como suas ovelhas.

Recordar – O que a nossa vida está dizendo?
- Quem já viu uma ovelha?
- Qual o papel de um pastor em relação ao rebanho?
- Que pessoas fazem o papel de pastor em nossa comunidade?

Escutar – O que o texto está dizendo?
Canto: "Sou Bom-Pastor".
Ler Jo 10,11-15.

O texto é proclamado pelo catequista. Breve silêncio. Se for o caso, pode-se repetir, contando o texto de forma livre e pausada.

- O que o texto diz sobre o pastor?
- O que o Bom-Pastor faz por suas ovelhas?
- Por que Jesus é o Bom-Pastor?
- O que o texto diz sobre as ovelhas?

Meditar – O que o texto diz para mim?
- Pensando em Jesus, de que maneira o reconhecemos como o nosso Bom-Pastor?
- Como posso ser uma boa ovelha para ser reconhecido por Ele?
- Que gestos do Bom-Pastor eu posso imitar?
- Como posso imitar o Bom-Pastor em casa, na escola ou na catequese?

Rezar – O que o texto me faz dizer a Deus?
Deus é o nosso Bom-Pastor.
Em seguida, o/a catequista reza o Salmo 23(22).
Todos rezam o refrão.

Dar tempo aos catequizandos para uma oração individual e posterior partilha no grupo. Depois, rezar em dois coros o Salmo 23(22).

Contemplar – Olhar a vida como Deus olha
O catequista apresenta a frase: "Eu sou o Bom-Pastor, conheço as minhas ovelhas e as minhas ovelhas me conhecem", juntamente com a imagem do Bom-Pastor que está no livro.

Vamos prestar atenção à imagem do Bom-Pastor. Eu posso ser um seguidor de Jesus quando me esforço na generosidade com meus pais e colegas e com as pessoas que precisam de cuidado.

Deixar um espaço para que os catequizandos se manifestem.

Compromisso – O que a Palavra de Deus me leva a fazer?
Como o catequizando pretende manifestar o cuidado para com as pessoas que lhe são próximas, durante a semana?
O catequizando vai escrever no caderno uma atitude que o torna uma ovelha do Bom-Pastor.

A Bíblia é um livro diferente

5º Encontro

Objetivo: Conscientizar da importância de conhecer a Bíblia.

Preparar: Bíblia, vela, livros de conteúdos diversos, mesa com toalha branca, quadro com os livros da Bíblia, do Antigo e do Novo Testamento.

O ambiente: Fixar em lugar visível o quadro com os livros da Bíblia: Antigo e Novo Testamento. Uma grande vela acesa será colocada junto à Bíblia em lugar de destaque. Na mesa, livros de conteúdos diversos, entre eles a Bíblia. Formar duplas para escolherem um livro para compartilhar: autor, título, conteúdo e divisões internas (capítulos). Dar tempo aos catequizandos para folhearem e conhecerem alguma coisa do livro que escolheram. Cada dupla apresenta o seu livro. O catequista apresenta as características da Bíblia que não aparecem em outros livros: a divisão interna (AT e NT), os números grandes e pequenos (capítulos e versículos), a quantidade de livros reunidos em um só volume. Fixar em local visível o cartaz com o nome de alguns livros da Bíblia, com capítulos e versículos (sugestão: Mt 5,7; Jo 15,9; Mc 6,6; Lc 18,27). Deixar que os catequizandos procurem na Bíblia os capítulos e versículos propostos. Oferecer mais Bíblias para que todos tenham a oportunidade de pesquisar.

Para você, catequista: Observe que, à medida que crescemos, temos oportunidade de conhecer muitos livros. Nós recorremos a eles para nos ensinar e aprofundar conhecimentos e fazer esclarecimentos. A Bíblia vai além. É um livro diferente. Reúne vários livros em um só volume. A palavra Bíblia vem do grego *biblios* e quer dizer "coleção de livros", "biblioteca", com livros de todos os tamanhos e formas, escritos por pessoas diferentes e em épocas variadas. São 73 livros, de épocas e estilos diferentes, divididos em duas grandes partes: Antigo Testamento (AT) e Novo Testamento (NT). Os livros do AT foram aqueles escritos antes de Jesus Cristo. O NT contém os textos escritos depois de Jesus Cristo. Um se apoia e se realiza no outro. Para escrever a Bíblia muita gente deu sua contribuição: jovens, velhos, pescadores, pais e mães de família, agricultores, pessoas de várias profissões, pessoas instruídas, que sabiam ler e escrever, e gente simples que só sabia contar histórias, pastores, sacerdotes, apóstolos e evangelistas. A Bíblia é um livro importante para a nossa vida.

Não foi escrita de uma só vez, levou muito tempo. Sua narrativa teve início mais ou menos 1.250 anos antes de Cristo, e o ponto final só foi colocado cem anos depois do nascimento de Jesus. Não foi escrita no mesmo lugar, mas em muitos lugares e países. A Bíblia foi escrita em três línguas diferentes: hebraico, grego e aramaico. Traz a marca de vários países. Os costumes, as culturas, as religiões, a situação econômica, social e política de todos esses povos deixaram marcas na Bíblia e tiveram a sua influência na maneira de a Bíblia apresentar a mensagem de Deus às pessoas.

A Bíblia foi escrita não como um relato histórico como entendemos hoje, mas para manter o povo na caminhada da Fé, no Deus sempre presente, salvador e libertador do seu povo. Deus se revela pelas Sagradas Escrituras, mas também pela criação e pelos acontecimentos da história. É Ele quem nos fala por meio das Escrituras. Porém, ao se comunicar, Ele não nos transmite apenas mensagens. Comunica a sua própria Vida, revelação de Deus. A Bíblia tem 73 livros, mas o tema presente em todas as suas páginas é Jesus Cristo. Tudo o que foi escrito se refere a Jesus e tem nele o seu pleno cumprimento. Jesus é a Palavra encarnada de Deus. É a própria Palavra de Deus para nós. Ele nos fala quando nos reunimos no seu Corpo, a Igreja. Por isso, a leitura bíblica feita na comunidade há sempre de ser preferida, pois em comunidade o próprio Jesus "nos revela as Escrituras e parte o pão para nós".

Como encontrar um texto na Bíblia? (Observar o cartaz) As citações são encontradas na Bíblia assim: por exemplo Lc 24,13-35. Isso quer dizer: Evangelho de Lucas, capítulo 24, versículos 13 a 35. Os capítulos são os números maiores; os versículos, os menores. Portanto a vírgula (,) separa os capítulos dos versículos, e o hífen (-) liga uma sequência de versículos, sem necessidade de escrever todos eles.

Recordar – O que a nossa vida está dizendo?
- Você já recebeu uma mensagem por carta, um cartão ou um *e-mail*? O que estava sendo comunicado nessas correspondências?
- Como Deus faz para se comunicar conosco? O que Deus nos comunica?
- Qual o melhor ambiente para ouvir as Sagradas Escrituras e para encontrar a Palavra de Deus?

Escutar – O que o texto está dizendo?
Canto: "Pela Palavra de Deus".
Ler Lc 24,13-35.

Uma dupla apresenta a Bíblia e todos batem palmas e aclamam a Palavra com um canto. Em seguida, em forma dialogada, a dupla faz a leitura do texto. Após a leitura, a Bíblia e a vela acesa são colocadas sobre a mesa. Momento de silêncio para interiorizar a leitura.

- De quem o texto está falando?
- Como Jesus ajudou os dois discípulos a entenderem os acontecimentos da sua paixão e morte?
- Como os discípulos se sentem depois que os seus olhos se abrem?

Meditar – O que o texto diz para mim?
- Por que ler a Bíblia é importante para mim?
- O que Jesus quer me ensinar quando eu leio a Bíblia?

Rezar – O que o texto me faz dizer a Deus?
Todos cantam uma música que fale da Palavra de Deus como lâmpada, como vida. Enquanto cantam, aproximam-se da Bíblia e, com respeito e carinho, tocam-na e/ou beijam-na.

Oração

>Senhor, nós te pedimos:
>coloca em nossos corações um grande amor
>pela tua Palavra revelada na Bíblia.
>Ela é força que muda a nossa vida, é a carta que foi enviada
>para todas as pessoas.
>Pela Bíblia nós nos encontramos
>com a tua Palavra Encarnada, Jesus!
>Por esta Palavra, que é Jesus, nós te louvamos
>e te bendizemos! Amém.

Contemplar – Olhar a vida como Deus olha
O catequista pode colocar uma música suave de fundo, convidar os catequizandos a encontrar uma posição confortável, fechar os olhos e imaginar que eles estão presentes em um encontro com Jesus.

Vamos imaginar Jesus em nosso meio. Ele nos reúne à sua volta e conversa conosco num diálogo amigável, alegre e participativo. Mas chega a sua hora de partir. Então, Ele abre a Bíblia e nos convida a colocar as nossas mãos sobre ela. Ele continuará a nos falar pela Bíblia, sobretudo quando nos reunimos em comunidade. Pela Bíblia, Jesus nos mostra o amor de Deus Pai por todos nós.

Compromisso – O que a Palavra de Deus me leva a fazer?
Com a ajuda dos pais, durante a semana o catequizando vai desenhar no caderno uma Bíblia e escrever a frase: "A Bíblia contém a mensagem de Deus para mim". O catequizando pergunta aos pais se há em casa um exemplar da Bíblia e solicita que leiam o texto de Lucas, capítulo 24, versículos 13-35.

Lembrete: Trazer lanche para, em confraternização, partilhá-lo com os colegas.

Segunda etapa
da Catequese Eucarística

Celebração de entrada na Catequese Eucarística e entrega da Sagrada Escritura

Observações
- A celebração de entrada na catequese eucarística, chamada também de rito de admissão, poderá ser realizada no início da sua segunda etapa, quando o grupo dos catequizandos já se firmou.
- O ritual aqui apresentado segue o RICA, n. 73-97. Pode ser celebrada a unção com o óleo dos catecúmenos para os não batizados.
- Os ritos iniciais se desenvolvem no limiar da igreja.
- Os catequizandos colocam-se em círculo, acompanhados pelos catequistas, introdutores, padrinhos, pais e amigos.

Providenciar
- O livro dos catecúmenos para os não batizados, onde serão anotados: os nomes, com a indicação do presidente da celebração, do catequista, do introdutor, dos padrinhos, do dia e do lugar da admissão (cf. RICA, n. 17).
- Cordão com pequeno crucifixo ou cruz. Os catequizandos e catecúmenos podem usar esse crucifixo em todas as celebrações e ritos da caminhada.
- Crachá com o nome dos catequizandos e catecúmenos. Ao lado do altar, em uma mesa, colocar as Bíblias dos catequizandos e catecúmenos, personalizadas, para serem entregues no momento apropriado.
- Relação dos nomes dos catequizandos e dos catecúmenos, se houver.
- Na véspera da celebração, é indispensável que os catequizandos e catecúmenos se reúnam na igreja, com seus catequistas, para um encontro de oração e preparação. Proposta: meditar, rezar e cantar, com base no texto bíblico de Mt 4,18-22.
- Ensaiar a celebração.

Acolhida fora da igreja

Canto com mensagem apresentando Jesus como luz do caminho que nos conduz a Deus.

Saudação do presidente
Aos catequizandos, catequistas e introdutores, expressa a alegria e a Ação de Graças da Igreja, lembrando-lhes a experiência pessoal dos catequistas e introdutores, e as motivações que levaram os catequizandos a assumirem o caminho para o aprofundamento de sua vida de fé e a celebração da etapa deste dia. Na entrada, o catequista chama os catequizandos pelo nome. Cada um levanta o braço e responde em voz alta: "Eis-me aqui, Senhor!".

Diálogo inicial

Presidente: O que vocês pedem à Igreja de Deus?
Catequizandos: A graça de viver na companhia de Jesus Cristo.

Presidente: Vocês querem conhecer mais a Jesus Cristo?
Catequizandos: Sim, queremos.
Presidente: Que maravilha! Que alegria poder conhecer Deus, que enviou seu Filho Unigênito, Jesus Cristo, como nosso Salvador! Se vocês querem mesmo ser discípulos de Jesus Cristo e membros da Igreja, é preciso que sejam instruídos em toda a verdade que Jesus revelou; que aprendam a viver como Jesus viveu e ensinou, conforme o seu Evangelho, amando a Deus e ao próximo. Vocês aceitam esta proposta?
Catequizandos: Sim, aceitamos.
Presidente: E vocês, catequistas, que apresentam agora esses catequizandos (e catecúmenos), estão dispostos a ajudá-los a encontrar, a conhecer e a seguir Jesus Cristo?
Catequistas: Sim, estamos.
Presidente: (de mãos unidas diz): Pai de bondade, nós vos agradecemos por esses vossos filhos e filhas, que de muitos modos inspirastes e atraístes. Eles vos procuraram e responderam, na presença desta santa Assembleia, ao chamado que hoje lhes dirigistes. Por isso, Senhor Deus, nós vos louvamos e bendizemos.
Todos (cantado): **Bendito seja Deus para sempre.**

Assinalação com a cruz
O presidente faz a chamada de todos os catequizandos. Os catequizandos e catecúmenos juntamente com seus respectivos catequistas se aproximam de quem preside, e este faz com o polegar o sinal da cruz na fronte de cada um dizendo:

Presidente: Jesus Cristo chamou vocês para serem seus amigos. Lembrem-se sempre dele e sejam fiéis em segui-lo. O sinal da cruz de Cristo é o sinal dos cristãos e faz com que vocês se lembrem de Cristo e de seu amor.
Recebam na fronte o sinal da cruz. O próprio Cristo lhes dê sua proteção com o sinal de seu amor. Ele chamou vocês para serem seus discípulos e amigos. Parabéns! Sejam fiéis a Jesus e perseverantes na caminhada. Aprendam a conhecê-lo e a segui-lo.

Se o grupo for numeroso, o presidente faz o sinal da cruz sobre todos e os introdutores ou catequistas fazem-no diretamente na fronte de cada catequizando (ou catecúmeno), dizendo:

Catequista: Receba na fronte o sinal da cruz. O próprio Cristo o proteja com o sinal do seu amor. Aprenda a conhecê-lo e segui-lo.

Procede-se à assinalação dos sentidos (pode ser em parte ou inteiramente). As assinalações são feitas pelos introdutores ou catequistas. Enquanto os catequizandos e catecúmenos são assinalados, o presidente reza:

Presidente: Receba nos ouvidos o sinal da cruz, para que você ouça a voz do Senhor.
Receba nos olhos o sinal da cruz, para que você veja a glória de Deus.
Receba na boca o sinal da cruz, para que você responda à Palavra de Deus.
Receba nos ombros o sinal da cruz, para que você carregue o jugo suave de Cristo.
Eu marco vocês com o sinal da cruz. Em nome do Pai, do Filho e do Espírito Santo, para que vocês tenham a vida eterna.

Todos: Amém.

Canto de glorificação à cruz do Senhor.

Presidente: Oremos. Deus Todo-poderoso, que pela Cruz e ressurreição de vosso Filho destes vida ao vosso povo concedei que estes vossos filhos e filhas, marcados com o sinal da cruz, seguindo os passos de Cristo, conservem em sua vida a graça da vitória da cruz e a manifestem por palavras e gestos. Isso vos pedimos por Nosso Senhor Jesus Cristo, na unidade do Espírito Santo.

Entrega do crucifixo

Presidente: Recebam o sinal da cruz de Nosso Senhor Jesus, para que Ele habite pela fé em seus corações.

Os catequistas colocam nos catecúmenos e catequizandos um cordão com pequeno crucifixo ou cruz. Enquanto isso, todos cantam o refrão: "No peito eu levo uma cruz, no meu coração o que disse Jesus".

2. Ingresso na igreja

Presidente: Queridos irmãos e irmãs catecúmenos! Entrem na Igreja onde a comunidade os espera.

Faz-se a procissão de entrada com a cruz ladeada por velas. Quando os catecúmenos e catequizandos entram na igreja, a assembleia os acolhe com calorosa salva de palmas. Depois, todos entoam o canto de entrada. Estes ritos dispensam o ato penitencial; o "Senhor, tende piedade de nós" e o hino "Glória a Deus".

3. Liturgia da Palavra

Antes das leituras, o presidente dirige uma breve alocução aos catecúmenos, mostrando a dignidade da Palavra de Deus que é anunciada e ouvida na assembleia litúrgica. O livro do Lecionário é trazido em procissão e colocado na mesa da Palavra, podendo também ser incensado.
Após a homilia, são trazidas as Bíblias dos catequizandos. O presidente profere uma bênção sobre as Bíblias:

Bendito sejais, Senhor Deus,
fonte de toda a inspiração e de revelação,
pelo Livro da Sagrada Escritura que hoje recebemos.
Por meio dele aprofundamos o nosso conhecimento do vosso amor,
manifestado na história do vosso povo e na vida do vosso Filho Jesus.
Abençoai estas Bíblias e todos os que lerão suas palavras.
Que eles alcancem a graça de conhecer e amar a Vossa Palavra eterna,
Jesus, o Verbo encarnado!
Que pela Escritura possam alimentar a fé, fortalecer a esperança e crescer na caridade. Por Cristo, Nosso Senhor. Amém.

O presidente entrega uma Bíblia a cada catequizando e catecúmeno, dizendo:

Presidente: Receba o livro da Sagrada Escritura. Que ele seja luz para a sua vida.
Catequizandos e catecúmenos: Amém.

Ao receberem a Bíblia, eles a beijam e retornam aos seus lugares.

4. Oração dos Fiéis

Presidente: Rezemos de modo especial pelos nossos catecúmenos, para que o Senhor os ajude em sua caminhada de fé.
Leitor: Senhor, ajudai aos nossos irmãos e irmãs catequizandos e catecúmenos para que continuem na caminhada com generosidade e perseverança. Nós vos pedimos:
Todos: Senhor, atendei a nossa prece!
Leitor: Senhor, iluminai os catequistas aos quais foi confiada a grande responsabilidade da iniciação cristã. Nós vos pedimos:
Todos: Senhor, atendei a nossa prece!
Leitor: Senhor, fazei que nossa comunidade, unida, na oração, na prática da caridade, seja exemplo de vida cristã para os nossos catequizandos e catecúmenos. Nós vos pedimos:
Todos: Senhor, atendei a nossa prece!
Presidente: Oremos. Deus eterno e todo-poderoso, sois o Pai de todos e nos criastes à vossa imagem. Acolhei com amor esses vossos catequizandos e catecúmenos e concedei-lhes que, renovados pela força da Palavra de Cristo, cheguem pela vossa graça ao conhecimento pleno do vosso Filho Jesus Cristo e o sigam com perseverança. Por Nosso Senhor Jesus Cristo, que vive e reina para sempre.
Todos: Amém.

5. Rito da Unção
(Apenas para os que não foram batizados.)

A unção é feita antes da bênção final. Os catequistas convidam os catecúmenos a se colocarem diante do altar. O presidente dá uma breve explicação sobre o significado do óleo dos catecúmenos:

Na Antiga Roma, antes das lutas e batalhas, os gladiadores untavam o corpo para se tornarem mais ágeis e fortes. Na medicina, óleos, pomadas e unguentos são usados para curar as enfermidades. Na Bíblia, a unção era sinal de consagração, bênção e escolha por parte de Deus. Na Igreja, o óleo dos catecúmenos é a força do Ressuscitado para os que serão batizados.

Presidente: Bendito sejais Vós, Senhor Deus, porque, no vosso imenso amor, criastes o mundo para a nossa habitação.
Todos: **Bendito seja Deus para sempre!**
Presidente: Bendito sejais Vós, Senhor Deus, porque criastes a oliveira, cujos ramos anunciaram o fim do dilúvio e o surgimento de uma nova humanidade.
Todos: **Bendito seja Deus para sempre!**
Presidente: Bendito sejais Vós, Senhor Deus, porque por meio do óleo, fruto da oliveira, fortaleceis vosso povo para o combate da fé.
Todos: **Bendito seja Deus para sempre!**
Presidente: Ó Deus, proteção de vosso povo, que fizestes do óleo, vossa criatura, um sinal de fortaleza, abençoai por este óleo os catecúmenos e concedei-lhes a força, a sabedoria e as virtudes divinas, para que sigam o caminho do Evangelho de Jesus, tornem-se generosos no serviço do Reino e, dignos da adoção filial, alegrem-se por terem renascido e viverem em vossa Igreja. Por Cristo, Nosso Senhor.
Todos: **Amém.**

Se o óleo não for bento e quem presidir for sacerdote, este abençoa o óleo.

Presidente: Jesus Cristo, Nosso Salvador, lhes dê a força por este óleo da Salvação. Com ele os ungimos no mesmo Cristo Nosso Senhor, que vive e reina para sempre.
Catecúmenos: Amém.

O Presidente unge cada catecúmeno com óleo.

6. Bênção solene e despedida

O presidente dirige algumas palavras aos catequizandos e catecúmenos, manifestando a alegria da comunidade por terem dito "sim" ao chamado de Cristo e estimulando a perseverarem na caminhada. Depois, dá a bênção (pode usar uma das bênçãos solenes do Missal ou outra). Em nome da comunidade, a equipe de acolhida poderá oferecer aos catecúmenos uma lembrança da solene entrada. No final, organiza-se uma confraternização para comemorar a data.

6º Encontro

A Bíblia: um livro no qual Deus revela o seu amor

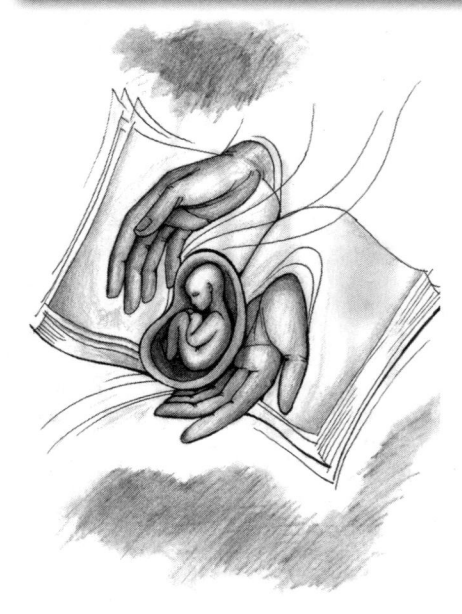

Objetivo: Aprender a ler a Bíblia e, mediante a sua palavra, falar com Deus.

Preparar: Bíblia, vela, flores, mesa com toalha, tiras de papel com o nome de livros da Bíblia, um cartaz com os passos da Leitura Orante da Palavra de Deus e um outro com o nome de um livro da Bíblia, capítulo e versículo.

O ambiente: Saudar os catequizandos e entregar uma tira de papel com o nome de um livro da Bíblia, capítulo e versículo. Dispor em lugar de destaque a Bíblia, ornamentada com flores e velas. Fixar em local visível o cartaz com os passos da Leitura Orante da Palavra de Deus.

Para você, catequista: Lembrar aos catequizandos o encontro anterior, perguntando também sobre a celebração realizada por ocasião da entrega da Bíblia e do crucifixo. Acrescentar: Deus nos fala através da Bíblia. Ela contém a revelação de Deus. A Bíblia ilumina os acontecimentos de hoje e nos ajuda a interpretá-los e a entender os sinais de Deus, independente do que a gente pensa, sente e busca. Ela abre o coração e nos coloca em atitude de oração, ação de graças, adoração, louvor, pedido de perdão e súplica. Podemos ler a Bíblia de muitas maneiras. Hoje vamos aprofundar um jeito (método) que podemos assumir em nossa vida e que vamos usar sempre em nossos encontros de catequese (apresentar o cartaz com o método). A essa forma de ler, ouvir e falar com Deus, chamamos de Leitura Orante da Bíblia. Ela pode ser feita dentro dos passos a seguir. Após observar a realidade da nossa vida e da comunidade, iniciamos a leitura do texto bíblico, para descobrir o que o texto está dizendo. Depois, na meditação, vamos ouvir o que Deus está dizendo para a nossa vida e realidade pessoal, comunitária e social, por meio do texto lido. A meditação ajuda a perceber que o próprio Deus nos fala pela Bíblia. A seguir, temos o momento da oração que nasce da escuta atenta da Palavra de Deus. É a hora do diálogo, do encontro pessoal com Deus e de expressar os sentimentos de perdão, louvor, intercessão, súplicas e clamor. Podemos rezar salmos, cantar hinos relacionados ao texto meditado, fazer atos de perdão e reconciliação. A oração está presente desde o início, mas agora é um momento especial. Mediante o texto lido, contemplar é perceber as maravilhas que Deus fez em nós e por nós, é reconhecer que Deus é bom e nos conduz à vida. É notar Deus agindo na vida da gente e perceber seus grandes feitos. Esse momento é de pura gratuidade. O compromisso indica uma ação concreta e compromete com a transformação da realidade que a Palavra mostra.

Desses seis passos, quatro são fundamentais e originais ao Método da Leitura Orante: Leitura, Meditação, Oração e Contemplação. O momento da Recordação e do Compromisso foram acrescentados para nos ajudar a enraizar o método em nossa realidade.

Vamos fazer uma experiência?

Recordar – O que a nossa vida está dizendo?
- Você conhece alguém que gosta de ler a Bíblia?
- Na comunidade, onde e quando a Bíblia é lida?

Escutar – O que o texto está dizendo?
Canto: "Ao Criador".
Ler Dt 30,11-14.

A leitura será proclamada por um catequizando. Todos permanecem atentos à proclamação, sem acompanhar ainda pela Bíblia. Após a proclamação, o catequista ajuda os catequizandos a localizarem o texto na Bíblia e novamente alguém lê o texto enquanto todos sentados acompanham em sua própria Bíblia.

- Do que fala o texto que acabamos de ouvir?
- Qual o mandamento, a ordem de Deus para nós?

Meditar – O que o texto diz para mim?
- Onde devo guardar a Palavra de Deus?
- O que essa Palavra me anima a fazer?

Rezar – O que o texto me faz dizer a Deus?
Cada catequizando escolhe um versículo do texto lido. Em silêncio, cada um elabora uma prece a Deus, baseado no versículo escolhido. Por exemplo, partindo do versículo 14, onde está escrito: "Sim, esta Palavra está ao teu alcance...". A prece poderia ser: "Senhor, eu te agradeço, porque a tua Palavra está bem perto de mim".

Contemplar – Olhar a vida como Deus olha
O catequista acende uma vela e a coloca ao centro. Depois, convida todos para colocarem as suas Bíblias ao redor da vela. Enquanto isso, todos cantam alguma música que tenha como mensagem a Palavra de Deus como luz para o caminho.

Compromisso – O que a Palavra de Deus me leva a fazer?

Lembrete: Indicar o Evangelho do próximo domingo, para que o catequizando faça a leitura com a família.

A criação: sinal do amor e da bondade de Deus

7º Encontro

Objetivo: Perceber que Deus criou o universo com sabedoria e amor, e a pessoa humana à sua imagem e semelhança.

Preparar: Bíblia, plantinhas, pedras, água, frutas, flores, ramos, sementes, uma vela, tiras de papel com versículos do texto de Gn 1,1-26. Fazer o suficiente para todos os catequizandos, com os versículos 2; 3-5; 6-8; 9-10; 11-13; 14-19; 20-23; 24-26. Se necessário, repeti-los. Escrever uma frase com o versículo bíblico: "Deus criou a pessoa humana à sua imagem e semelhança" (Gn 1,27).

O ambiente: Colocar em lugar de destaque a Bíblia, uma vela, frutas, flores, ramos, sementes e a frase previamente escrita: "Deus criou a pessoa humana à sua imagem e semelhança". Este encontro pode ser realizado ao ar livre, junto à natureza.

Para você, catequista: Deus é o Criador e é generoso. Ele expressa sua ternura na criação do universo pelas diferentes formas de vida. Ele comunica a própria vida por meio da natureza. Deus se faz presente na criação, que é sua obra. Por sua Palavra criou tudo o que existe e viu que tudo era muito bom. Toda a criação é marcada pelo amor de Deus. O mundo criado por Deus é belo. Nós também fazemos parte da criação. Deus criou a pessoa humana com especial atenção. Criou o homem e a mulher para serem felizes e as mais perfeitas das criaturas. Colocou-se em diálogo com elas, e deu-lhes uma missão e uma responsabilidade: cuidar e continuar a obra da criação. Deus quer que a pessoa humana tenha vida em abundância, seja feliz e livre. Por isso, dotou-nos de inteligência, vontade e liberdade. Sendo inteligente, a pessoa tem consciência de que Deus a ama, sabe que Ele existe e sente que Deus a chama a ser feliz. Pode amar e ser amada. Tem liberdade, pode escolher entre o bem e o mal. Deus criou o homem e a mulher iguais em dignidade e direitos e cada um com sua especificidade. Somos criados à imagem e semelhança de Deus. Encontramos tudo isso na Bíblia. A vida vem do amor de Deus. Todos são chamados a um compro-

> misso com a obra da criação: defender a vida e cuidar dela. Deus confiou à pessoa humana a responsabilidade do cuidado e proteção da criação e conta conosco para cuidar da vida e conservá-la.
> A criação tem seu ponto alto na ressurreição de Jesus. Ao vencer a morte, Jesus recria a vida do universo e tudo passa a ter sentido e colorido novos, pois Jesus ressuscitou, e com Ele ressuscitamos a cada dia.

Recordar – O que a nossa vida está dizendo?
- Como a nossa comunidade está conservando a vida da natureza e cuidando dela?
- Você conhece alguém que se empenha para cuidar das pessoas ou da natureza?
- Em minha casa e por onde passo, como tenho manifestado o meu cuidado para com toda a obra da criação?

Escutar – O que o texto está dizendo?
Ler Gn 1,1-27.
Canto: "Fala, Senhor, fala da vida".

Enquanto todos cantam, um dos catequizandos carrega a Bíblia em procissão até o lugar previamente preparado para a proclamação do texto. Depois, o catequista senta-se com os catequizandos e conversa sobre o que ouviram.

- Do que o texto está falando?
- O que Deus disse ao criar o homem e a mulher?
- E Como Deus se sentiu quando concluiu toda a obra da criação?

Meditar – O que o texto diz para mim?
- O que significa dizer que somos criados à imagem e semelhança de Deus?
- Como posso cuidar das maravilhas criadas por Deus e, em especial, de minha vida?

Rezar – O que o texto me faz dizer a Deus?
Rezar o Salmo 8 em dois coros usando a própria Bíblia e depois concluir com a oração:

Oração
        Ó Pai, é nosso dever vos dar graças,
        é nossa salvação dar glória.
        Só Vós sois o Deus vivo e verdadeiro,
        que existis antes de todo o tempo.
        Porque sois o Deus de bondade e a fonte da vida,
        fizestes todas as coisas para cobrir de bênçãos

as vossas criaturas, e a muitos alegrais com a vossa luz.
Por Cristo, nosso Senhor. Amém!
(Prefácio da Oração Eucarística IV)

Contemplar – Olhar a vida como Deus olha
Os catequizandos são convidados a explorar o ambiente, observar a natureza, perceber suas cores, perfumes, olhar o céu, o sol ou a chuva e tocar a terra. A seguir, são chamados a respirar profundamente, sentir o ar, fechar os olhos e ouvir os sons. Após um momento de contato com a natureza, o grupo caminha de volta para o local do encontro.
Sentados em círculo, o catequista provocará uma partilha no grande grupo sobre o que se viu e se sentiu. Depois estabelecerá as semelhanças e diferenças entre o ser humano e as demais criaturas da natureza.

Compromisso – O que a Palavra de Deus me leva a fazer?
O catequista dá algumas dicas para viver a Palavra de Deus durante a semana a partir do que está abaixo indicado:

Todos os dias, ao acordar pela manhã, vou agradecer a Deus porque a vida recomeçou com o nascer do sol, com o despertar das pessoas e das demais criaturas, com o trabalho e as brincadeiras. Vou agradecer também porque Jesus ressuscitou e com sua ressurreição toda a criação foi renovada.

8º Encontro

Deus propõe à pessoa humana uma aliança de amor

Objetivo: Compreender que, embora a pessoa humana tenha dito não, Deus a resgata e faz aliança com ela.

Preparar: Bíblia, vela, uma aliança (não precisa ser uma joia cara!), cartaz com fotos ou desenho do arco-íris (sinal da aliança de Deus com a terra – Gn 9,13), tiras de cartolina com as palavras aliança, união, ternura, carinho, compromisso, fidelidade, ajuda, vida, amor. Escrever uma faixa com a frase: "Eu estabeleço a minha aliança com vocês e seus descendentes" (Gn 9,9).

O ambiente: Acolher os catequizandos com alegria. Formar um grande círculo no centro da sala. Apresentar uma aliança, que será passada de mão em mão para ser contemplada. Em seguida, pedir aos catequizandos que descrevam a aliança (forma, cor, consistência, espessura). Organizar o grupo em equipes de três catequizandos e distribuir as palavras previamente elaboradas: aliança, união, ternura, carinho, compromisso, fidelidade, ajuda, vida, amor. Após breve reflexão, voltar ao grande círculo e partilhar a reflexão feita.

Para você, catequista: Quando pensamos em aliança temos em mente que Deus nos criou à sua imagem e semelhança, mas o pecado nos distanciou dos planos de Deus. A nossa relação com Deus sempre foi marcada pela infidelidade humana e pela fidelidade divina. A infidelidade gera a morte; a fidelidade, a vida. Mas Deus nunca desistiu do seu povo. Ele sempre quis fazer aliança com a pessoa humana. O amor de Deus pela pessoa

> humana é a sua aliança fiel. A aliança é sempre sinal de comprometimento, de compromisso e de vida. Toda vez que o ser humano quebra a aliança, ele encontra a morte. Toda vez que Deus restabelece a aliança, Ele recria a vida. Em Jesus, Deus estabeleceu uma aliança eterna com o seu povo que não pode mais ser rompida. O relato de Noé indica um recomeço da criação; é o símbolo da vida nova que vai se realizar para sempre em Jesus.

Recordar – O que a nossa vida está dizendo?
- Seus pais usam alguma aliança? O que ela significa?
- Quais são os sinais de aliança de fidelidade que encontramos na comunidade?
- Quais são as atitudes de fidelidade que nós praticamos na família?

Escutar – O que o texto está dizendo?
Ler Gn 9,8-13.
Canto: "Eu vim para escutar".

Pode ser feita uma entrada solene da Bíblia, acompanhada por velas, pelo cartaz com o desenho do arco-íris e por uma aliança nas mãos de um catequizando e algumas tiras de papel com as virtudes que serão colocadas no centro do círculo. A Bíblia passa de mão em mão até chegar às mãos de quem vai ler, enquanto todos cantam. Após a proclamação do texto, todos, ainda sentados, leem novamente na própria Bíblia.

- Quem está falando no texto?
- Sobre o que Deus está conversando com Noé?
- O que o texto diz a respeito da aliança?

Meditar – O que o texto diz para mim?
- O que acontece quando eu aceito a aliança de amor que Deus faz comigo?
- O que acontece quando eu a rejeito?

Rezar – O que o texto me faz dizer a Deus?
Deus é fiel, Ele nos ama e está sempre pronto a nos perdoar. Vamos agradecer a Deus pela aliança que faz conosco e que se renova a cada dia pela Eucaristia que a Igreja celebra, fazendo memória de Jesus.

Os catequizandos rezam na própria Bíblia em coros alternados o Salmo 136.

Contemplar – Olhar a vida como Deus olha
Com um fundo musical, convidar os catequizandos a uma atitude de silêncio, respirando pausada e profundamente. Convide-os a se colocarem nas mãos do Deus sempre fiel e que deseja estabelecer sua aliança conosco, por meio de Jesus. Terminado esse tempo de silêncio, pode-se cantar um hino de louvor a Deus.

Compromisso – O que a Palavra de Deus me leva a fazer?
O catequista apresenta a relação das palavras (virtudes) refletidas no encontro e solicita ao catequizando que escreva uma delas em seu próprio caderno para meditá-la com a família.

A quebra da aliança

9º Encontro

Objetivo: Compreender que Deus é misericordioso e que está sempre disposto a renovar a sua aliança conosco.

Preparar: Bíblia, velas, pedras, espinhos, erva seca, lixo não contaminado, figuras de moradias precárias, menores abandonados, moradores de rua, pessoas idosas abandonadas, doentes, desempregados e pessoas sofrendo.

O ambiente: Receber os catequizandos com um abraço. Colocar antecipadamente no centro da sala as figuras e os símbolos listados acima. Formando um grande círculo ao redor delas, perceber que estas situações são chamadas de pecado.

Para você, catequista: A criação e as criaturas estão marcadas pelo amor divino e o ser humano traz em si o dom da liberdade. Desde a sua criação a pessoa é destinada a ser feliz. Mas pode decidir entre fazer o bem ou o mal, entre escutar a Deus e seguir os seus mandamentos ou desobedecê-lo. A desobediência leva ao pecado, afasta-nos de Deus e nos conduz à morte. A infidelidade, o pecado e a desobediência quebram a Aliança que Deus fez com os seus filhos queridos. Quebramos a Aliança quando nos recusamos a cumprir a vontade de Deus, quando fugimos do compromisso da vida cristã, quando optamos conscientemente pelo mal: egoísmo, injustiça, inveja, corrupção, exploração, discriminação, mentira, violência, preguiça... O pecado é tudo o que destrói a vida. Quando nos arrependemos, Deus, pelo seu perdão, nos reintegra na Aliança. Ainda maiores que o pecado são a misericórdia e a fidelidade de Deus. Ele é sempre fiel. Em seu amor infinito, Ele nos enviou o seu Filho, para nos libertar do pecado e da morte. Jesus deu a sua vida, para salvar os pecadores e assim vencer o pecado e a morte.

Recordar – O que a nossa vida está dizendo?
- Que situações provocam bem-querer entre as pessoas?
- Que situações levam ao afastamento entre as pessoas?

Escutar – O que o texto está dizendo?
Ler Gn 3,1-13.
Canto: "Escuta, Israel...".

Um catequizando apresenta a Bíblia e todos cantam algum hino de acolhida à Palavra de Deus. Alguém proclama a leitura enquanto todos escutam-na atentamente. Depois, todos repetem o canto, baixinho. Em seguida, faz-se uma releitura do texto. Desta vez com todos acompanhando na própria Bíblia.

- O que o texto está contando?
- Qual foi o pecado de Adão e Eva?

Meditar – O que o texto diz para mim?
- Quais são as minhas atitudes que representam a quebra da aliança?

Rezar – O que o texto me faz dizer a Deus?
Pedir a misericórdia de Deus sobre nós e nossa família (oração individual).
Cantar o louvor a Deus (canto à escolha).

Contemplar – Olhar a vida como Deus olha
Diante do amor misericordioso de Deus, vou olhar a minha vida e perceber a misericórdia de Deus, que me perdoa sempre.

Compromisso – O que a Palavra de Deus me leva a fazer?
Antes de dormir, vou repassar o meu dia como um filme: quais foram as coisas boas que fiz? Quais as coisas que eu deveria ter feito melhor? Vou agradecer a Deus pelas boas ações e pedir perdão pelas más ações, confiando em sua misericórdia.

> **Lembrete:** Trazer, para o próximo encontro, gravuras de Nossa Senhora, fotos de mães de todas as etnias e também de pessoas cuidando de crianças.

Deus convida Maria para ser a Mãe de Jesus

10º Encontro

Objetivo: Perceber Maria como a Mãe de Jesus e nossa.

Preparar: Bíblia, velas, uma imagem de Nossa Senhora, uma estampa de Jesus no colo de Maria e figuras de mães. Escrever a frase: "Deus preparou sua Mãe para ser também nossa Mãe".

O ambiente: Sala ornamentada, dando aspecto de uma casa bem cuidada. Receber os catequizandos com música de Nossa Senhora (a escolher).
O catequista convida para montar o painel com as figuras solicitadas no encontro anterior: gravuras de Nossa Senhora, fotos de mães de todas as etnias e também de pessoas cuidando de crianças.

Para você, catequista: A Bíblia fala pouco sobre Maria, mas o suficiente para descobrir a sua grandeza. Maria, uma jovem que vivia uma grande expectativa a respeito da vinda do Messias, como libertador do ser humano. Deus se revelou a ela de maneira surpreendente, convidando-a para ser a mãe de Jesus. Sempre atenta às manifestações de Deus, Maria colocou-se à disposição do Senhor, dizendo: "Faça-se em mim segundo a tua palavra". Maria assumiu com fé e humildade as consequências da sua resposta de ser a Mãe do Senhor. Ela "guardava os acontecimentos, meditando-os em seu coração". O Menino Jesus nasceu em uma gruta, em Belém, na maior pobreza, sem mesmo ter um berço para repousar (cf. Lc 2,1-25). Como mãe, com ternura e docilidade, foi aprendendo a ser discípula do próprio filho Jesus.

• Como Maria participou da missão de Jesus?
Quando chegou a hora de Jesus tornar pública a sua missão, Maria o acompanhou sempre (cf. Jo 2,1-25; Mc 3,33-35;). Até o fim, permanecendo aos pés da cruz (cf. Jo 9,25), foi proclamada por Jesus Mãe da humanidade (cf. Jo 19,27).

• Qual o papel de Maria na Igreja?
Podemos imaginar a alegria de Maria na ressurreição de Jesus. Junto ao grupo dos discípulos, foi uma presença de mãe, ajudando-os a recordar

tudo o que Jesus disse e fez (cf. At 1,14), recebendo com os discípulos o Espírito Santo. Maria é modelo da Igreja, pois, como ela, a Igreja deve levar Jesus ao mundo.

• Por que Maria tem tantos nomes?
Os cristãos de todos os tempos sempre tiveram um carinho especial por Maria. Por isso, ela tem inúmeros títulos e nomes, conforme as regiões e culturas onde é venerada. Porém Maria, com tantos e merecidos títulos, é uma só. Ela é nossa intercessora junto a Jesus.

Recordar – O que a nossa vida está dizendo?

- Quais virtudes de Maria, Mãe de Jesus, podemos imitar?
- Quais as mulheres da comunidade que são mães e ainda se dedicam à comunidade?
- Que imagem de Nossa Senhora conhecemos?

Escutar – O que o texto está dizendo?
Ler Lc 1,26-38.
Canto: "Tua Palavra é lâmpada...".

Enquanto cantam uma canção de acolhimento à Palavra, dois catequizandos apresentam o cartaz com a frase: "Deus preparou a Mãe de Jesus para ser também a nossa mãe". Em seguida, a leitura é proclamada por um catequizando. Todos prestam atenção ao texto proclamado. Depois, sentam-se e acompanham na Bíblia uma nova leitura do texto.

- O que o texto está narrando?
- Por meio do Anjo Gabriel, o que Deus pediu a Maria?
- O que Maria respondeu?

Meditar – O que o texto diz para mim?

- Como escuto a Palavra de Deus no meu dia a dia?
- O que posso fazer para gerar no meu coração a presença de Jesus?

Rezar – O que o texto me faz dizer a Deus?

Querido Deus Pai:
Obrigado por Maria, Mãe de Jesus e nossa Mãe.
Ela é a morada especial do teu Espírito Santo.
Ela nos ensina a ser discípulos fiéis de Jesus.
Ela é um sinal materno do teu amor.
Ajuda-nos a ser atentos à tua Palavra,
como Maria quando recebeu a saudação do anjo.
Isto te pedimos por Cristo, Nosso Senhor. Amém.

O catequista convida os catequizandos a se aproximarem do altar onde está a imagem de Nossa Senhora e a rezar de mãos postas:

> Ave, Maria,
> cheia de graça,
> o Senhor é convosco.
> Bendita sois vós entre as mulheres e
> bendito é o fruto do vosso ventre, Jesus.
> Santa Maria, Mãe de Deus,
> rogai por nós, pecadores,
> agora e na hora de nossa morte.
> Amém!

Contemplar – Olhar a vida como Deus olha
Imaginar Maria atenta aos apelos de Deus Pai, recebendo a mensagem do anjo. Imaginar também o olhar carinhoso de Deus para com Maria.

Compromisso – O que a Palavra de Deus me leva a fazer?
Rezar com os pais a oração da Ave-Maria.

Celebração e entrega do *Magnificat* e do Terço

Observações

- A celebração tem por objetivo incentivar, aprofundar e cultivar a devoção à Virgem Maria, Mãe de Jesus e nossa. Agradecer a Deus por ela ter sido uma pessoa sempre atenta à Palavra de Deus. Ela é o nosso exemplo de fé, sempre pronta a ajudar as outras pessoas.
- Se for possível, a celebração pode acontecer com a presença de todos os catequizandos, catequistas, introdutores e pais, ministros, do padre e da comunidade em geral.
- É oportuno preparar com os catequizandos o momento celebrativo. Arrumar em lugar de destaque a imagem de Nossa Senhora, o terço, a Bíblia, flores e velas.
- Arranjar terços e a oração do *Magnificat* (pergaminho), conforme o número de catequizandos já introduzidos na etapa específica.
- A equipe de liturgia dispõe a Bíblia, a imagem de Nossa Senhora, o terço e as velas para a procissão de entrada.

1. Acolhida
No local da celebração, o catequista, junto com a equipe de Liturgia, acolhe os catequizandos, pais, introdutores e o presidente da celebração.

2. Canto de entrada
"Santa Mãe Maria" (ou outro canto à escolha).

3. Saudação

Presidente: Em nome do Pai...
Todos: Amém.
Presidente: Deus, que nos ama, fez uma Aliança conosco e, como prova do seu amor, escolheu Maria para ser a Mãe de Jesus e nossa Mãe. Que Ele esteja com todos vocês!
Todos: Bendito seja Deus, que nos reuniu no amor de Cristo!
Catequista: Queridos catequizandos (e catecúmenos), queridos pais, familiares, catequistas e comunidade, estamos felizes com a presença de cada um de vocês neste dia em que os catequizandos recebem o *Magnificat*, oração que Maria rezou movida pelo Espírito Santo, num momento em que ela estava muito alegre e, por isso, louvou a Deus. Receberão também o terço, que os ajudará a meditar os Mistérios ligados à vida de Maria e de seu Filho, Jesus. Hoje, queremos louvar a Deus, com Jesus e a exemplo de Maria. Ela sempre esteve atenta a Deus e obediente ao chamado que Deus lhe fizera.

4. Entrada da imagem de Nossa Senhora, do terço e da Bíblia

Canto: "Maria Mãe dos caminhantes".

5. Entrega do *Magnificat*
Presidente: Queridos catequizandos, vocês vão receber agora o hino que Maria cantou, louvando a Deus por ter sido escolhida como Mãe de Jesus e por todas as maravilhas que Deus realizou.

O presidente proclama o texto de Lc 1,39-45. Após a leitura, os catequizandos são convidados a repetir a oração que Maria fez. Em dois coros rezam (ou cantam) o Magnificat.

Magnificat
A minha alma engrandece o Senhor,
e se alegrou o meu espírito em Deus, meu Salvador.
Pois Ele viu a pequenez de sua serva,
desde agora as gerações hão de chamar-me de bendita.
O poderoso fez em mim maravilhas,
e santo é seu nome!
Seu amor, de geração em geração,
chega a todos os que o respeitam.
Demonstrou o poder de seu braço,
dispersa os orgulhosos.
Derrubou os poderosos de seus tronos
e os humildes exaltou.
De bens saciou os famintos,
e despediu sem nada os ricos.
Acolheu Israel, seu servidor,
fiel ao seu amor.
Como havia prometido aos nossos pais,
em favor de Abraão e de seus filhos para sempre.
Glória o Pai, ao Filho e ao Santo Espírito,
como era no princípio, agora e sempre. Amém.

Os catequizandos se aproximam para receber o texto do Magnificat, escrito imitando um pergaminho, enquanto cantam.

Canto: "Maria do sim".

6. Entrega do terço
Presidente: Queridos catequizandos, neste momento vamos entregar a vocês o terço, que é composto por cinco mistérios e é uma das quatro partes do rosário que lembram o nascimento, a vida e a missão de Jesus, sua morte e ressurreição. Quando rezamos o rosário, lembramos o Plano de Salvação que Deus Pai realizou em Jesus Cristo, com a participação plena de Maria. O terço é a oração da família. Que vocês possam rezá-lo com carinho, meditando o amor de Deus!

7. Bênção dos terços

Presidente: Ó Deus, proteção do vosso povo, abençoai estes terços que nos ajudam a meditar vosso plano de amor. Nós vos pedimos, ó Deus de bondade, por todos os catequizandos, para que façam da oração do terço um meio para crescer na fé. Por Cristo, nosso Senhor.

Todos: **Amém.**

Os catequizandos se aproximam e recebem, das mãos dos introdutores, o terço. O introdutor faz a entrega e diz: "(Nome), receba este terço. Que ele o ajude a crescer na fé".

Presidente:
Catequizandos: Com o coração confiante, dirigimos os nossos pedidos a Deus Pai: Nós vos louvamos e agradecemos, querido Deus, por esta celebração, na qual recebemos a oração do *Magnificat* e o terço. Que eles nos ajudem com a vossa graça, a conhecer o vosso Filho Jesus e sua Santa Mãe e a amá-los sempre mais! Amém.

Canto final: "Pelas estradas da vida".

João Batista prepara a vinda de Jesus

11º Encontro

Objetivo: Perceber que João Batista a-nuncia o Salvador e que essa tarefa é também nossa.

Preparar: Bíblia, velas, flores, água e, para o painel, as palavras: humildade, obediência, missão, anúncio e denúncia, partilha, fraternidade, paz, conversão.

O ambiente: Preparar na sala do encontro, em lugar de destaque, um painel com as palavras acima e colocar a Bíblia e as velas no centro. Organizar os catequizandos em equipes de três, para comentar sobre o cenário.

Para você, catequista: Em toda a história da Salvação há pessoas como João Batista, que mostraram o caminho do bem e deram sua vida pela justiça e pela verdade. João Batista foi o grande profeta que viveu mais próximo de Jesus e teve a missão de preparar a sua vinda. Não tinha medo de falar a verdade. Denunciava a falsidade, o egoísmo e a injustiça. Mostrava às pessoas a urgência da conversão, de escutar a Palavra de Deus e torná-la viva na vida de cada um. Anunciava ao povo que a vinda do Messias estava próxima e por isso todos precisavam converter-se e mudar de vida. "Precisavam endireitar os caminhos", isto é, mudar de vida. Pregava o Batismo da penitência e batizava no rio Jordão. Lutou contra a hipocrisia, a falsidade e contra uma religião de aparências. Denunciou o comportamento de Herodes, o que lhe custou a vida. O seu Batismo era o sinal de conversão a Deus, de mudança de vida. Aos fariseus, que impunham leis pesadas ao povo, dizia: "Arrependei-vos, pois o Reino de Deus está próximo" (Mt 3,1-2).
Aos cobradores de impostos pedia a prática da justiça: "Não cobrem nada além da taxa estabelecida" (Lc 3,13). Aos soldados pedia que não usassem de violência: "Não maltratem ninguém, não façam acusações falsas..." (Lc 3,14). Ao povo em geral aconselhava a prática da partilha e da fraternidade: "Quem tiver duas túnicas, dê uma a quem não tem. Quem tiver comida faça a mesma coisa" (Lc 3,10-11). João Batista apresentou Jesus ao povo, dizendo: "Eis o Cordeiro de Deus, que tira o pecado do mundo!" (Jo 1,29).

Recordar – O que a nossa vida está dizendo?
• Alguma vez alguém ajudou você a praticar o bem e o alertou para evitar o mal?

Escutar – O que o texto está dizendo?
Canto: Aclamação ao Evangelho (à escolha).
Ler Lc 3,10-20.

Todos cantam uma aclamação ao Evangelho. Ficam de pé e acompanham a leitura do texto feita por um catequizando. Depois, sentam-se com o catequista e leem novamente o texto acompanhando na própria Bíblia.

• O que o texto está narrando?
• O que dizia João Batista?
• O que ele fez?

Meditar – O que o texto diz para mim?
• Que atitudes de João Batista posso imitar em família, na escola e na comunidade?

Rezar – O que o texto me faz dizer a Deus?
O catequista reza a ladainha de São João Batista e os catequizandos repetem: "Intercedei a Deus por nós!".

Ladainha de São João Batista

São João Batista, pregador da penitência,
Todos: Intercedei a Deus por nós!

São João Batista, que preparaste a vinda de Jesus,
São João Batista, conselheiro da prática da partilha,
São João Batista, atento à revelação de Deus,
São João Batista, homem de fé e coragem,
São João Batista, profeta da justiça,
São João Batista, defensor da verdade,
São João Batista, anunciador de Jesus,
São João Batista, denunciador da falsidade, do egoísmo e da injustiça,
São João Batista, homem de luta contra a religião das aparências,

Contemplar – Olhar a vida como Deus olha
Quero ser um profeta de hoje que mostra aos colegas que é possível sempre dizer a verdade, não excluir ninguém ser sensível com os que mais sofrem.

Compromisso – O que a Palavra de Deus me leva a fazer?
Em casa, ler com os pais Lc 3,10-20.

Deus Pai envia o seu Filho Jesus

12º Encontro

Objetivo: Perceber que o nascimento de Jesus é um presente de Deus para a humanidade, pois, em Jesus, Deus se faz um de nós.

Preparar: Bíblia, vela, imagem do Menino Jesus, berço ou um "cochinho" com palhas ou apenas palhas no chão, mapa da Palestina, uma caixa e a frase: "Deus amou tanto o mundo, que entregou seu Filho único" (Jo 3,16).

O ambiente: No centro da sala preparar um cenário: cochinho ou palhas para colocar a imagem do Menino Jesus. Perto da imagem do Menino Jesus colocar a frase: "Deus amou tanto o mundo, que entregou seu Filho único" (Jo 3,16). Destacar no mapa a localização, na Palestina, das cidades de Belém, Nazaré, Galileia, Jerusalém, regiões onde Jesus nasceu, viveu e morreu.

Para você, catequista: No encontro anterior conhecemos João Batista, que preparou a vinda de Jesus. Hoje vamos refletir sobre Jesus, o presente que Deus Pai nos deu. Deus nos amou desde toda a eternidade e nos deu Jesus como manifestação de seu grande amor. A esse amor chamamos de aliança, a qual Deus fez com o seu povo querido, o povo hebreu. Durante muito tempo este povo esperava o Salvador, um libertador. O Messias tão esperado viria trazer a paz, a justiça, e mostrar o caminho para chegar a Deus. Deus não podia imaginar um presente mais lindo! Jesus se fez homem; tornou-se um de nós em tudo, menos no pecado (Hb 4,15). Ele nasceu pobre, no meio dos pobres, e os primeiros a visitá-lo foram os pastores de Belém, pessoas pobres e marginalizadas. Viveu em Nazaré, trabalhando na carpintaria junto com São José, estudando e participando das atividades de sua comunidade, até a hora da sua missão. A vinda de Jesus é um presente para nós, por isso, no Natal, damos e recebemos presentes para lembrar que Ele compartilhou a própria vida conosco.

Recordar – O que a nossa vida está dizendo?
- Você conhece alguma criança que não tem berço para dormir?
- Por que damos e recebemos presentes no Natal? O que isso tem a ver com Jesus?
- Quem conseguiu trazer algo para partilhar?

Neste momento, colocar na caixa as roupinhas solicitadas no encontro anterior.

Escutar – O que o texto está dizendo?
Ler Lc 2,1-12.
Canto: "Eu vim para escutar".

Enquanto todos cantam, um catequizando apresenta a Bíblia, proclama a leitura do texto e todos acompanham com atenção. Depois sentam-se e, com a ajuda do catequista, releem o texto na própria Bíblia.

- Do que o texto está tratando?
- Onde Jesus foi colocado?
- Quem recebeu o comunicado do nascimento de Jesus?

Meditar – O que o texto diz para mim?
- Como o texto mostra que Deus me ama?
- O que eu posso aprender dos pastores?

Rezar – O que o texto me faz dizer a Deus?
O catequista motiva os catequizandos a imitarem os anjos num louvor a Deus. Após cada invocação todos repetem, cantando, "Glória a Deus".

A Deus, que é nosso Pai, e nos enviou seu Filho único,
Todos: Glória a Deus!
Por todas as criaturas do Universo,
Pelas crianças que nascem todos os dias,
Por Deus, que se fez humano em Jesus,
Por Jesus, que é Deus perto de nós,

Contemplar – Olhar a vida como Deus olha
Colocar a imagem do Menino Jesus na manjedoura. Enquanto isso, todos cantam "Noite feliz".

Compromisso – O que a Palavra de Deus me leva a fazer?
Fazer um levantamento das famílias mais necessitadas e, em equipes de quatro catequizandos, entregar o que foi arrecadado.

A missão de Jesus: anunciar o Reino de Deus

13º Encontro

Objetivo: Conhecer e continuar a missão que Jesus realizou.

Preparar: Bíblia, recortes de papel com formato de pés com as palavras: paz, justiça, amor, alegria, partilha, fraternidade e esperança.

O ambiente: Dispor os pés com as palavras no chão, formando um caminho, desde a porta de entrada até o local onde a Bíblia se encontra aberta, em destaque, ornamentada com velas e flores.

Para você, catequista: A Bíblia nos fala da missão de Jesus. Ele tornou pública a sua missão a partir do seu Batismo. A missão de Jesus foi anunciar para todos a Boa-nova: paz, justiça, amor, alegria, partilha, fraternidade e esperança. Jesus ensinou sobre o Reino de Deus, usando gestos e palavras. A um leproso Jesus estendeu a mão, dizendo: "Eu quero, seja curado" (Mc 1,41). Trouxeram crianças para que Jesus as tocasse. Ele as tocou e as abençoou (cf. Mc 10,13-16). A menina, filha de Jairo, que diziam que estava morta, Jesus tomou-a pela mão e ela se levantou (cf. Mt 9,25). Tocou nos olhos de um cego e ele enxergou (cf. Mt 20,34). A outro cego colocou a própria saliva nos seus olhos e este começou a ver (cf. Mt 8,23). Jesus percorria cidades e aldeias, quer ao longo do mar da Galileia quer nas regiões montanhosas, falando e anunciando a Boa Notícia do Reino, valendo-se também das sinagogas e do Templo de Jerusalém.

Falava de forma clara e simples, usando histórias chamadas parábolas, que eram comparações tiradas do cotidiano das comunidades. Por meio das parábolas, Jesus ajudava as pessoas a refletir e a descobrir a mensagem. Quem as ouvia ficava meditando em seu coração a mensagem que Jesus queria transmitir e a resposta de fé que podia dar. Na Bíblia encontramos muitos textos que falam da missão de Jesus. Na sinagoga de Nazaré, pela leitura de Isaías, Jesus revelou seu projeto.

Recordar – O que a nossa vida está dizendo?
- Quais sinais de paz, justiça, amor, alegria, partilha, fraternidade e esperança eu consigo perceber em minha família, na escola, e em minha comunidade?

Escutar – O que o texto está dizendo?
Ler Lc 4,14-22.
Canto: "Vós sois o caminho..."

Os papéis em formato de pés são colocados ao redor do catequizando que irá proclamar o texto. Todos acompanham, prestando atenção, sem usar a Bíblia. Depois da proclamação, todos sentam-se e, novamente, com ajuda do catequista, leem o texto.

- O que aconteceu na sinagoga de Nazaré?
- O que diz o texto de Isaías lido por Jesus?
- Quando Jesus acabou de ler o texto, o que disse?

Meditar – O que o texto diz para mim?
- O que significa hoje dar vista aos cegos, libertar os prisioneiros e os oprimidos e levar a Boa Notícia aos pobres?
- Como posso colaborar com Jesus em sua missão?

Rezar – O que o texto me faz dizer a Deus?
O catequista convida os catequizandos para estenderem o braço direito na direção da Bíblia e todos, em voz alta, rezam a oração a seguir:

Senhor Jesus, dá-nos coragem para sermos tuas testemunhas.
Queremos falar de ti, Senhor, para nossos amigos e parentes.
Queremos levar para os pobres uma boa notícia.
E aos que se encontram em dificuldade, que eu consiga ajudá-los.

O catequista assinala os catequizandos na testa com o sinal da cruz, pronuncia o nome e diz: "(Nome), Éfeta, abre-te, para o louvor e a glória de Deus".

Contemplar – Olhar a vida como Deus olha
Quando Deus olha o mundo, Ele o vê com o olhar de seu Filho Jesus: com compaixão, ternura, amor, igualdade e bem-querer. Nós também devemos olhar o mundo assim. Em silêncio, vou imaginar Jesus convidando-me a imitá-lo.

Compromisso – O que a Palavra de Deus me leva a fazer?
Com a ajuda dos pais, escrever no verso do desenho do pé o compromisso referente à palavra que cada um recebeu.

Falar ao Pai como Jesus nos ensinou
(Primeira parte do Pai-nosso)

14º Encontro

Objetivo: Aprender de Jesus como rezar a Deus Pai.

Preparar: Bíblia, fita adesiva e tiras de papel com as frases da primeira parte do Pai-nosso.

O ambiente: Com um abraço, receber cada catequizando carinhosamente. Todos se colocam em círculo. Apresentar a técnica do tesouro escondido. Dizer que existe algo escondido no local do encontro e que representa um tesouro para nós. As frases, escritas em pequenos papéis escondidos, constituem o tesouro. Podem ser afixadas no rodapé, debaixo da mesa e da cadeira, e em outros lugares. As frases, em número suficiente para todos os catequizandos, podem ser repetidas e numeradas conforme a sequência do Pai-nosso:

a - Pai nosso que estás no céu – Mt 6,9;
b - Santificado seja o teu nome – Mt 6,9;
c - Venha a nós o teu reino – Mt 6,10;
d - Seja feita a tua vontade, assim na terra como no céu – Mt 6,10.

Quando todos encontrarem a frase (o tesouro escondido) o catequista faz a leitura em voz alta.

Para você, catequista: Essas frases se encontram no Pai-nosso e Jesus as proferiu quando os discípulos pediram para que lhes ensinasse a rezar. Jesus rezava em todos os momentos importantes da sua vida. Ele sempre revelou muito amor ao Pai e rezava antes de qualquer decisão. Antes de chamar os apóstolos, Jesus rezou (cf. Lc 6,12-13). Jesus, antes de um milagre, se dirigiu ao Pai (cf. Jo 11,41-42). Rezou por Pedro para que sua fé não desfalecesse (cf. Lc 22,32). Numa grande alegria disse: "Eu te louvo, ó Pai" (cf. Mt 11,25). Passava noites em oração para rezar ao Pai (cf. Lc 6,12). A oração de Jesus despertou nos apóstolos vontade de rezar. Os apóstolos então pediram a Jesus: "Ensina-nos a rezar", e Jesus ensinou a oração do Pai-nosso. Isso está escrito na Bíblia e é um tesouro para todos nós.

Recordar – O que a nossa vida está dizendo?
- Você costuma rezar em casa todos os dias?
- Quem ensinou você a rezar?

Escutar – O que o texto está dizendo?
Ler Mt 6,7-10.
Canto: "Tua Palavra é lâmpada para os meus pés".

A leitura é feita por um catequizando, enquanto todos acompanham atentamente. Em seguida, leem o texto individualmente na própria Bíblia e fazem alguns instantes de silêncio.

- Quem está falando no texto?
- A quem Jesus ensinou a rezar?
- Como Jesus disse que devemos rezar?

Meditar – O que o texto diz para mim?
- O que vou guardar no meu coração do que Jesus falou aos discípulos?
- O que Jesus me ensinou a dizer a Deus Pai?

Rezar – O que o texto me faz dizer a Deus?
Cantar três vezes, a cada vez mais suavemente. Depois do canto, o catequista convida para que se reze em pé, com as mãos estendidas, a primeira parte do Pai-nosso.

Todos: "Pai, Pai, Pai, Pai nosso, que está no céu".

Contemplar – Olhar a vida como Deus olha
Admirar Jesus que, depois de ficar durante todo o dia com as pessoas, à noite subia a montanha e ali, quando tudo estava em silêncio, rezava a Deus Pai.

Compromisso – O que a Palavra de Deus me leva a fazer?
No decorrer da semana, ao acordar, o catequizando vai se perguntar se está seguindo os ensinamentos de Jesus, que recebe na catequese. Orientar para que rezem frequentemente o Pai-nosso.

Pedir ao Pai, como Jesus ensinou
(Segunda parte do Pai-nosso)

15º Encontro

Objetivo: Aprender de Jesus o que pedir a Deus Pai.

Preparar: Bíblia, flores, velas e aparelho de som.

O ambiente: O catequista recebe os catequizandos com alegria e uma música de fundo. Dispor os catequizandos em círculo.

Para você, catequista: A oração é muito importante em nossa vida. Ela foi muito importante na vida de Jesus. Ele rezava para entender melhor a vontade de Deus Pai, louvar, pedir força, ter coragem para a missão, para que as pessoas aceitassem a sua mensagem e para realizar bem a missão que Deus Pai lhe confiou. Jesus nos ensinou como devemos rezar e o que devemos pedir. A segunda parte do Pai-nosso apresenta quatro pedidos: o sustento para o dia a dia (o pão nosso de cada dia nos dai hoje); o perdão, à medida que perdoarmos (perdoai-nos as nossas ofensas, assim como nós perdoamos a quem nos tem ofendido); a proteção (e não nos deixeis cair em tentação); e a libertação do mal (mas livrai-nos do mal).

Recordar – O que a nossa vida está dizendo?
- O que normalmente pedimos a Deus?

Escutar – O que o texto está dizendo?
Ler Mt 6,11-13.
Canto: "Fala, Senhor, pela Bíblia".

O catequista ergue a Bíblia, enquanto todos cantam. A leitura é feita por um catequizando. Depois o catequista retoma o texto e todos acompanham em sua Bíblia.

- Que pedidos estão escritos no texto?
- Quantos são os pedidos que o texto apresenta?
- Quais as verdadeiras necessidades que a oração nos mostra?

Meditar – O que o texto diz para mim?
- O que os pedidos da segunda parte do Pai-nosso têm a ver com a nossa vida?
- Por que devemos perdoar?
- Percebo que, ao falar com Deus, Ele está falando comigo?

Rezar – O que o texto me faz dizer a Deus?
Cantar três vezes: "Pai, Pai, Pai, Pai nosso, que está no céu", a cada vez mais suavemente. Depois do canto, o catequista convida para rezar em pé, com os braços erguidos e mãos estendidas, a segunda parte do Pai-nosso. Em seguida, completa:

> Senhor, te pedimos:
> o pão da amizade,
> o pão do perdão,
> o pão da ajuda mútua,
> o pão da partilha, e
> o pão da fortaleza, para que saibamos
> te encontrar em todos os momentos do dia.
> Deus Pai, ajuda-nos a rezar como Jesus nos ensinou,
> assim Tu estarás contente conosco.
> Isto te pedimos por Jesus, teu Filho,
> que contigo vive e reina pelos séculos dos séculos.
> Amém.

Contemplar – Olhar a vida como Deus olha
De olhos fechados, vou imaginar Jesus falando com Deus Pai. Vou falar com Deus como Jesus falava.
Cantar baixinho o seguinte refrão do canto: "Fala, Senhor meu Deus, eu quero te escutar.

Compromisso – O que a Palavra de Deus me leva a fazer?
Com a ajuda dos pais, o catequizando vai lêr a passagem bíblica de Mt 6,6-15. Depois, rezar o Pai-nosso.

No Pai-nosso, Jesus nos ensina a perdoar

16º Encontro

Objetivo: Aprender a perdoar como Jesus.

Preparar: Bíblia, mesa com toalha branca, velas para cada catequizando, folhas com as perguntas descritas no item abaixo e faixa com a frase: "Perdoai-nos as nossas ofensas, assim como nós perdoamos a quem nos tem ofendido".
Recortar, em cartolina, corações com a passagem do Filho Pródigo (cf. Lc 15,11-32).

O ambiente: Acolher os catequizandos com alegria. Convidá-los para formar duplas.

Para você, catequista: Na Bíblia encontramos muitas passagens em que Jesus perdoou e ensina a perdoar. Lembrar as várias parábolas do Evangelho de Lucas 15,1-7; 15,11-32; 19,1-10. Jesus sempre falou sobre o perdão. Quando Pedro perguntou quantas vezes devemos perdoar, Jesus respondeu: "Não te digo até sete vezes, mas setenta vezes sete" (Mt 18,21-22). Isso significa perdoar sempre. Deus nos dá o seu perdão. Como é bom perdoar e sermos perdoados. O perdão engrandece a pessoa. A misericórdia de Deus ultrapassa qualquer mesquinhez humana. Jesus manifesta-se como aquele que perdoa, cura e vai ao encontro dos necessitados para dar o perdão. No perdão, Jesus revela o coração misericordioso do Pai, que perdoa incondicionalmente. Quando acolhemos a misericórdia e o perdão de Jesus, somos curados do mal e temos a oportunidade de uma nova qualidade de vida. No perdão, Deus se debruça e abraça o pecador e a miséria humana. Mas a experiência verdadeira do perdão me leva a perdoar como Deus me perdoa. O ensinamento de Jesus sobre o perdão, após o Pai-nosso, pode dar a entender apenas que perdoar se trata de uma condição para ser perdoado. É mais que isso. O perdão que damos tem em vista seguir o modelo divino que nos perdoa sempre. O dom do perdão é divino. É Deus agindo em nós.

Recordar – O que a nossa vida está dizendo?
Entregar às duplas de catequizandos uma folha de papel com as perguntas:
- Por que o perdão nos deixa alegres?
- Por que a falta de perdão nos deixa tristes?
- Você já deu e recebeu o perdão?
- Você conhece histórias de perdão em nossa comunidade?

Partilhar no grande grupo o que conversaram.

Escutar – O que o texto está dizendo?
Ler Mt 6,14-15.
Canto: "Aleluia, aleluia, aleluia, Jesus vai falar".

- O que Jesus disse no texto?
- Por que devemos perdoar?

Meditar – O que o texto diz para mim?
- Vou me colocar nas mãos de Deus e agradecer-lhe pelas vezes que recebi o perdão e perdoei alguém.

Rezar – O que o texto me faz dizer a Deus?
Com a vela acesa na mão, os catequizandos cantam o refrão: "Perdoai-nos, ó Pai, as nossas ofensas...". Depois, rezam com o catequista a seguinte oração:

Senhor, tende piedade de nós;
Cristo, tende piedade de nós;
Senhor, tende piedade de nós.

Catequista: Derramai, Senhor, sobre estes vossos filhos e vossas filhas, os dons do perdão e da paz, para que, purificados de suas faltas, sintam alegria em seus corações. Amém.

O catequista asperge os catequizandos com água. Durante a aspersão os catequizandos cantam: "Perdoai-nos, ó Pai, as nossas ofensas".

Contemplar – Olhar a vida como Deus olha
O catequista dá as seguintes instruções: Com os olhos fechados e as palmas das mãos abertas em atitude de receber, vamos dizer a Deus: "Perdoai-nos as nossas ofensas, assim como nós perdoamos a quem nos tem ofendido".

Silêncio.

Em atitude de fé, com as mãos postas, acolhamos de Deus o perdão das nossas ofensas.

Compromisso – O que a Palavra de Deus me leva a fazer?
O catequista indicará: "Durante a semana, sempre que alguém o ofender, procure lembrar do que pedimos a Deus no Pai-nosso: Perdoai-nos as nossas ofensas assim como nós perdoamos a quem nos ofendeu...".

O catequista entrega um coração recortado em cartolina com a citação de Lc 15,11-32, para ser lido com os pais durante a semana.

Celebração e entrega do Pai-nosso

Observações

No decorrer do tempo da catequese, depois dos encontros sobre o Pai-nosso, é hora de celebrar a entrega da oração do Senhor. Recomenda-se preparar espiritualmente o rito. Sugerimos que, na véspera, se organize na igreja um encontro de oração, com meditação de Mt 6,7-13. A entrega do Pai-nosso é feita de forma solene, com a presença dos pais, introdutores e de toda a comunidade, durante a celebração eucarística. Preparar uma cesta forrada com toalha branca, dentro da qual serão colocados pergaminhos (ou folhas enroladas) com a oração do Pai-nosso.

Entrega da oração do Senhor

Antes do Pai-nosso, depois da doxologia "Por Cristo, com Cristo e em Cristo...", da Oração Eucarística.

Catequista: Queridos catequizandos, aproximem-se do altar para receber a Oração do Senhor.

Presidente: Caros catequizandos, vocês aprenderam na catequese como o Senhor ensinou seus discípulos a rezar. Vamos agora ouvir o texto de Mt 6,9-13.

Depois da leitura, o presidente profere algumas palavras sobre o assunto.

Presidente: Ajoelhem-se para que rezemos por vocês (convida também a comunidade para rezar).

Oração pelos catequizandos

Presidente: Oremos pelos nossos catequizandos! (pausa)
Que o Senhor, nosso Deus, abra os corações e as portas da misericórdia a estes catequizandos que agora recebem a Oração do Senhor, o Pai-nosso.

Silêncio.
Em seguida o presidente reza com mãos estendidas sobre os catequizandos:

Presidente: Senhor, nosso Deus, que em Jesus Cristo, vosso Filho, nos adotastes como filhos e filhas e, pelo Espírito derramado em nossos corações no Batismo, nos fizestes orar como convém, olhai com bondade para os vossos filhos e filhas que se preparam para participar da mesa da Eucaristia e concedei-lhes que, rezando a oração dos cristãos, cultivem e aprofundem a sua vocação filial, vos amem como Pai misericordioso e vos respeitem como Deus de amor. Por Cristo, Nosso Senhor.

Havendo catecúmenos reza-se a seguinte oração:

Presidente: Oremos pelos nossos catecúmenos. Senhor, nosso Deus, abra o coração destes catequizandos e as portas da misericórdia para que, vindo a receber nas águas do Batismo o perdão de todos os seus pecados, sejam incorporados no Cristo Jesus.

Silêncio. Em seguida o presidente reza com mãos estendidas sobre os catecúmenos:

Presidente: Deus eterno e todo-poderoso, que, por novos nascimentos, tornais fecunda a vossa Igreja, aumentai a fé e o entendimento dos nossos catecúmenos para que, renascidos pelo Batismo, sejam contados entre os vossos filhos adotivos. Por Cristo, Nosso Senhor. Amém.

Os catequizandos e catecúmenos, de joelhos e em silêncio, escutam a comunidade rezar (ou cantar) a oração do Pai-nosso. Depois, um a um, recebe das mãos do catequista um pergaminho com a oração do Pai-nosso.

Segue-se a bênção final dada pelo presidente da celebração.

17º Encontro

Jesus é traído, preso, torturado, julgado e condenado

Objetivo: Despertar nos catequizandos o amor por Jesus, que sofreu e morreu para nos salvar.

Preparar: Bíblia, mesa, música de fundo, pano vermelho, um crucifixo, velas acesas, revistas, jornais, cola, tesoura e papel para painel.

O ambiente: Colocar à disposição revistas e jornais para que os catequizandos escolham figuras que mostram situações de sofrimento (pecado) da humanidade. Formar um painel e colocar no centro o crucifixo envolto em pano vermelho.

Para você, catequista: Jesus passou sua vida na terra fazendo o bem, curando os doentes, confortando os aflitos, perdoando os pecados, amando e ensinando o bem a todos. Passou sua vida dizendo sempre "sim" a Deus Pai. O mistério central da nossa fé é a morte e a ressurreição de Jesus. É nesse mistério que se encerra todo o amor de Deus por nós. Jesus sofreu e morreu para que todas as pessoas pudessem ser felizes. Esta foi a vontade do Pai. Jesus se entregou à morte, e morte na cruz, para nos salvar. A cruz tornou-se para os cristãos um sinal sagrado, porque Jesus morreu na cruz. Sendo inocente, entregando-se livremente e por amor, Jesus fere a morte por dentro. A cruz, que antes era sinal de tortura e morte, torna-se sinal de vida. O amor é que dá à cruz um sentido novo e verdadeiro. O mesmo acontece conosco: toda vez que assumimos, voluntariamente e com amor, carregar a cruz, estamos vencendo a morte com Jesus. Jesus foi traído, preso, torturado, julgado e condenado. Jesus morreu para nos dar a vida. Paulo nos recorda que a ressurreição de Jesus é o ponto alto da nossa fé (1Cor 15,12-19).

Recordar – O que a nossa vida está dizendo?

- Quais sofrimentos a nossa comunidade está enfrentando?
- Conheço pessoas que estão passando por algum tipo de sofrimento?
- Por que pessoas boas sofrem?

Escutar – O que o texto está dizendo?
Ler Lc 23,1-56.
Canto: "Pela Palavra de Deus".

O catequista ergue a Bíblia e todos cantam. O texto pode ser lido com a participação dos personagens que nele constam.

- O que o texto está narrando?
- Quais os personagens que aparecem no texto?
- Como o texto descreve as atitudes de Jesus ante a condenação e a morte?

Meditar – O que o texto diz para mim?
- O que o texto me faz perceber?
- Por que Jesus aceitou sofrer e morrer por nossa causa?

Rezar – O que o texto me faz dizer a Deus?
Os catequizandos formam um círculo ao redor do crucifixo e do painel. O catequista motiva a reflexão sobre os pecados da humanidade que provocaram os sofrimentos e a morte de Jesus. Como gesto de suplicar o perdão pelos pecados e como expressão do desejo de reconciliação, os catequizandos tocam o crucifixo. Olhando para a cruz, dizem:

> Obrigado, Jesus, Você deu a sua vida para nos salvar.

O catequista faz o sinal da cruz sobre si e convida os catequizandos a imitá-lo, devagar e com muito respeito. Depois que os catequizandos se persignarem, o catequista acende uma grande vela diante do crucifixo e todos cantam: "Prova de amor maior não há". Depois, em dois coros, rezar o Sl 91(90). O catequista deve ajudar os catequizandos a localizarem o salmo na Bíblia.

Contemplar – Olhar a vida como Deus olha
Olhando para Jesus, pregado na cruz, lembremos que ele foi preso, torturado, condenado, morto numa cruz para nos dar vida nova. Lembre-se: Jesus veio para servir e para dar a sua vida em nosso favor.

Compromisso – O que a Palavra de Deus me leva a fazer?
O/a catequista orienta os catequizandos a prestar auxílio a alguém que está passando por algum sofrimento. Se possível, solicitar a ajuda dos pais nessa tarefa.

18º Encontro

Jesus morreu e ressuscitou

Objetivo: Aprofundar o mistério da morte e ressurreição de Jesus, como expressão do seu amor por nós.

Preparar: Bíblia, mesa, cruz e cartaz e as palavras: ressurreição, alegria, vida nova, esperança e fé; vela grande, ou o círio pascal, e a frase: "Ninguém tem maior amor do que aquele que dá a vida por seus amigos" (Jo 15,13).

O ambiente: Receber os catequizandos com um abraço, música e muita alegria. No centro da sala colocar sobre a mesa uma vela grande ou o círio pascal e a frase: "Ninguém tem maior amor do que aquele que dá a vida por seus amigos" (Jo 15,13) e as palavras: ressurreição, alegria, vida nova, esperança e fé.

Para você, catequista: Todas as vezes que transformamos alguma situação de morte, dor, sofrimento e tristeza em vida, alegria, fé, esperança e amor, estamos vivendo a ressurreição. Então ressuscitar é mudar as situações de morte para vida. Os discípulos ficaram cheios de alegria ao verem o Ressuscitado. O primeiro fruto do reconhecimento do Ressuscitado é a alegria; uma alegria antes nunca experimentada, que nasce da experiência do encontro com Jesus. É uma fonte inesgotável de força para testemunhar que somos os seguidores de Jesus e cremos na sua ressurreição. Depois da morte de Jesus, os discípulos ficaram muito tristes, desorientados, confusos, não conseguiam entender tudo o que aconteceu nem lembrar que Jesus havia dito que ressuscitaria. Na manhã de domingo as mulheres foram ao sepulcro e nele não encontraram mais Jesus, pois este havia ressuscitado. Ele está vivo! Passou pela morte, mas Deus Pai o ressuscitou! Nosso Deus é um Deus vivo. A presença de Jesus agora é real. Isso só compreendemos pela fé. Quando falamos em ressurreição, entendemos que nós também passaremos pela morte, mas em Jesus ressuscitaremos. A ressurreição de Jesus trouxe vida nova para todos e nos ensina que podemos ressuscitar até o fim de nossa vida. A certeza de que Jesus está vivo entre nós nos dá alegria e coragem para continuar a missão dele.

Recordar – O que a nossa vida está dizendo?
- Existem pessoas em nossa comunidade que ajudam a transformar as situações de tristeza em alegria? Doença em saúde? Ódio em amor?

- Quais as ações boas que você já realizou na sua vida e que significam ressurreição?

Escutar – O que o texto está dizendo?
Ler Jo 20,11-18.
Canto: "O Senhor ressurgiu".

Alguns catequizandos apresentam a cruz, o círio pascal e a Bíblia. Todos cantam a música: "O Senhor ressurgiu" ou outro canto de aclamação. Após a proclamação do texto, que pode ser feita em forma de diálogo, todos se sentam.

- O que o texto está dizendo?
- Por que Maria foi cedo ao sepulcro e ficou chorando?
- Quem estava no sepulcro?
- O que falaram os anjos?
- O que Maria disse?
- Quem Maria pensou que era Jesus?
- Onde estava o jardineiro?
- O que o jardineiro perguntou?
- Como Maria reconheceu Jesus?
- O que Maria quer fazer com Jesus?
- O que Jesus mandou Maria fazer?

Meditar – O que o texto diz para mim?
- Como eu posso sentir a presença de Jesus ressuscitado?
- Como o texto me ajuda a entender a ressurreição de Jesus?

Rezar – O que o texto me faz dizer a Deus?
Estando todos ao redor do círio pascal, o catequista convida a cantar a nossa fé na ressurreição. Em seguida, todos cantam: "Eu creio num mundo novo", ou outro canto sobre a ressurreição.

Contemplar – Olhar a vida como Deus olha
Em posição confortável e com fundo musical, o catequista convida os catequizandos para fazerem um passeio imaginário, em um jardim bonito e ensolarado. É o jardim da nossa vida. Lá encontramos Jesus. O que vou falar para Ele? O que Ele me pede? Como vou falar d'Ele para os meus colegas, pais e irmãos?

Reduz o som aos poucos e convida todos a abrirem os olhos. Todos ficam de pé e se espreguiçam.

Depois, propõe um abraço de paz entre os colegas, cantando: "Eu creio num mundo novo".

Compromisso – O que a Palavra de Deus me leva a fazer?
Com a ajuda dos pais, escrever uma boa ação que represente ressurreição na vida de cada um.

19º Encontro

A vida de Jesus continua em nós pelo Espírito Santo

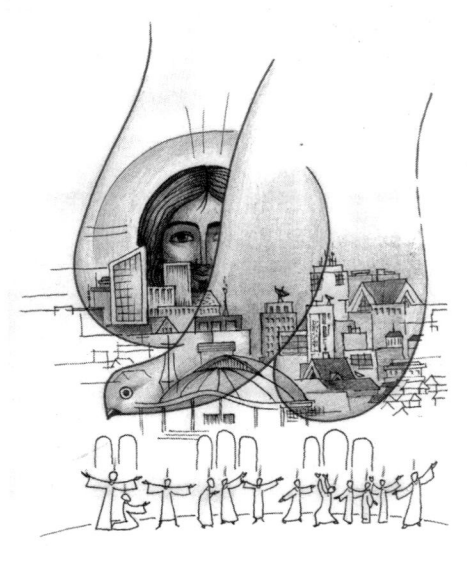

Objetivo: Apresentar o Espírito Santo como dom da Páscoa de Jesus e como continuador da obra da salvação.

Preparar: Bíblia, velas, tocha, um pano vermelho e um recipiente com óleo perfumado.

O ambiente: Em lugar de destaque, colocar a Bíblia, velas para os catequizandos, o círio pascal ou uma grande vela. Convidar os catequizandos para fazerem um círculo, onde, antecipadamente, é colada a Bíblia em cima de um pano vermelho, um círio aceso e as velas ao seu redor apagadas.

Para você, catequista: O fogo é um elemento indispensável à vida. Ele ilumina, aquece, purifica, dá vida, consome e destrói. Serve de guia, dá vida nova, espalha-se, avança de um objeto para o outro. Assim o fogo do amor se espalha de uma pessoa para a outra. O fogo representa o amor de Deus que transforma todas as coisas. Ele representa o Espírito Santo, que renova, dá vida, cria a comunhão, movimenta os corações. O Espírito Santo é vida para os que têm fé. O Espírito Santo é o Espírito de Jesus ressuscitado em nós. Jesus disse: "Vou enviar a vocês o Espírito Santo, que ficará sempre convosco" (Jo 14,16). Jesus também afirmou: "Estarei convosco até o fim do mundo" (Mt 28,20). Antes de subir ao céu, Jesus falou desse modo aos discípulos, porque não queria que se sentissem sós, queria que entendessem que Ele se faz presente em nossa vida, embora invisível. Na Bíblia, as pessoas são consagradas com o óleo, sinal do Espírito que age e marca para sempre a sua vida. O óleo significa que o cristão exala o bom odor de Cristo, o Ungido do Pai. Quem recebeu o Espírito Santo no seu Batismo começou a missão de anunciar a Boa-nova do Reino: curar, libertar e salvar.

> O Espírito deixado por Jesus em nós tem a missão de dar continuidade à missão de Jesus no mundo. Quando uma pessoa é permeada pelo Espírito Santo, nela acontece algo que ninguém sabe explicar: ama com o mesmo amor de Jesus. A pessoa que se deixa guiar pelo Espírito Santo, só faz o bem. Depois da vinda do Espírito Santo, os apóstolos anunciaram a Boa-nova por toda a parte, começando por Jerusalém. Foram se constituindo grupos ou comunidades que, animadas pela força do Espírito Santo, recordavam tudo o que Jesus disse e fez.

Recordar – O que a nossa vida está dizendo?
Vamos conversar em grupo a respeito da função do elemento fogo na vida das pessoas e da sociedade.
- O que ele significa?
- Como vemos o fogo ser utilizado?

Escutar – O que o texto está dizendo?
Ler At 2,1-4.
Canto: "Vem, Espírito Santo".

Dois catequizandos trazem a Bíblia ao centro da sala, com velas acesas. Todos cantam "Vem, Espírito Santo". A leitura é proclamada por um catequizando e todos acompanham a proclamação atentamente. Depois, uma nova leitura é feita e cada um acompanha em sua própria Bíblia.

- Onde estavam os discípulos de Jesus e o que eles estavam fazendo?
- O que aconteceu quando os discípulos e Nossa Senhora estavam reunidos no cenáculo?
- O que o texto diz a respeito do Espírito Santo?

Meditar – O que o texto diz para mim?
- Quando o Espírito Santo vem a nós?
- Quais são os sinais da presença do Espírito Santo em nosso meio?

Rezar – O que o texto me faz dizer a Deus?
Cantar ou rezar o Sl 104(103)
Após cada estrofe, todos repetem o refrão:

> Quando Tu, Senhor, teu Espírito envias,
> todo mundo renasce, é grande a alegria.

Ó minha alma, bendize ao Senhor:
ó Deus, grande em poder e amor.
Esplendor de tua glória reluz,
e o céu é teu manto de luz.
Firme e sólida a terra fundaste,
com o azul do oceano enfeitaste!
E rebentam tuas fontes nos vales,
correm as águas e cantam as aves.

Oremos:
Vinde, Espírito Santo, enchei o coração dos vossos fiéis
e acendei neles o fogo do vosso amor.
Enviai o vosso Espírito e tudo será criado.
E renovareis a face da terra.

Contemplar – Olhar a vida como Deus olha
Vou contemplar a voz de Jesus, que disse: "O Espírito Santo descerá sobre vocês e dele receberão força para serem minhas testemunhas" (At 1,8).

Momento de silêncio. Em seguida, o catequista unge os catequizandos com o óleo perfumado e diz: "(Nome), que o perfume do Espírito de Jesus ressuscitado se espalhe em tua vida, como o perfume deste óleo".

Compromisso – O que a Palavra de Deus me leva a fazer?
Rezar com os pais a oração: "Vinde, Espírito Santo...".

> **Lembrete:** Para o próximo encontro, trazer pão para um momento de partilha.

A missão de Jesus continua na comunidade de fé, vida e amor

20º Encontro

Objetivo: Despertar nos catequizandos a fé em Jesus ressuscitado, que envia o Espírito Santo à Igreja, para que ela continue a missão d'Ele.

Preparar: Bíblia, vela grande, mesa com toalha para colocar os alimentos solicitados no encontro anterior e a frase: "A Igreja é comunidade de fé, vida e amor".

O ambiente: Receber os catequizandos com alegria e pedir que coloquem sobre a mesa os alimentos solicitados no encontro anterior, entregar uma pequena vela a cada um. No centro da sala, em lugar de destaque, colocar uma grande vela acesa, com a frase: "A Igreja é comunidade de fé, vida e amor".

Para você, catequista: O sonho de Jesus é que vivamos em comunidade fraterna. A Igreja é comunidade de fé, vida e amor. A Igreja é o povo de batizados que conserva o Espírito Santo, que é o Espírito de Jesus. Na Igreja, as comunidades são convidadas a viver como as primeiras comunidades cristãs. Uma das formas práticas de fazê-lo é em grupos bíblicos de reflexão. As famílias se reúnem frequentemente nas casas. Nesses grupos, é possível viver do jeito das primeiras comunidades cristãs, porque é onde a vivência fraterna é fortalecida: todos se conhecem, faz-se amizade, tem-se confiança e todos se ajudam. Os cristãos se fortalecem dentro da sua comunidade eclesial e assumem serviços em favor de todos. Assim, a missão de Jesus continua pela comunidade eclesial, a Igreja. Nós, pelo Batismo, fazemos parte da Igreja, para continuar a missão de Jesus. A Igreja está organizada em torno de Jesus Cristo, com os diversos serviços, dons e carismas. Uns ajudam os outros a viverem o compromisso de cristãos, na igualdade, na justiça, no amor, na solidariedade e na partilha. Os primeiros cristãos viviam unidos, tinham tudo em comum, e todos possuíam o necessário. Eles eram perseverantes em ouvir os ensinamentos dos Apóstolos. Depois da vinda do Espírito Santo, os Apóstolos anunciaram a Boa-nova por toda a parte, começando por Jerusalém. Foram se constituindo grupos ou comunidades que, animadas pela força do Espírito Santo, recordavam tudo o que Jesus disse e fez. Assim nasceu a Igreja, comunidade de fé, vida, amor e solidariedade.

Recordar – O que a nossa vida está dizendo?
Formar equipes de quatro catequizandos e comentar:
- O que posso fazer em minha comunidade para que ela seja um lugar de fé, vida e amor?

Escutar – O que o texto está dizendo?
Ler At 4,32-35.
Canto: "E todos repartiam o pão".

Um catequizando apresenta a Bíblia e todos a acolhem com palmas.
A leitura é feita por um catequizando e todos acompanham a proclamação. Depois, cada um relê o texto em sua própria Bíblia.

- O que o texto fala das primeiras comunidades cristãs?
- Como elas viviam? O que faziam?
- O que o texto me diz a respeito das pessoas necessitadas?

Meditar – O que o texto diz para mim?
- Quero ser uma pessoa alegre porque Jesus ressuscitou e nos enviou o Espírito Santo.

Rezar – O que o texto me faz dizer a Deus?

Oração

Senhor, eu vos agradeço por pertencer à vossa Igreja.
A Palavra de Deus me mostrou que na comunidade
professamos a mesma fé, no Pai, no Filho e no Espírito Santo.
Dai-me a coragem dos Apóstolos e dos primeiros cristãos.
Quero colaborar para que a minha comunidade viva unida na fé,
na comunhão e na oração.
Isto eu vos peço, Senhor Jesus, que viveis e reinais
para sempre. Amém.
Canto: "E todos repartiam o pão".

Contemplar – Olhar a vida como Deus olha
O catequista convida os catequizandos a se aproximarem da mesa da partilha e pede para que observem o quanto a graça de Deus está presente, pois muitas pessoas ajudaram a compor esta mesa: a mão do agricultor, a mão que amassou o pão, o trabalho das pessoas que estão no comércio, o trabalho dos pais para adquirir o alimento para partilhar. Todo esse trabalho humano é abençoado por Deus quando compartilhamos o que temos. Esta é mesa da partilha, da comunhão em Jesus Cristo e da fé no Espírito Santo.
Antes da partilha dos alimentos, agradecer a Deus pela unidade.
Rezar juntos o Pai-nosso.

Compromisso – O que a Palavra de Deus me leva a fazer?
Escrever um compromisso que vou assumir, seguindo o exemplo dos primeiros cristãos. Exemplo: "Partilhar do que tenho com os mais necessitados".
De hoje em diante, sempre que eu me reunir com os meus pais, à mesa da refeição, vou convidá-los para em família agradecermos pelos alimentos.

21º Encontro

O Credo é o texto básico da fé

Objetivo: Conhecer e compreender o texto básico da fé.

Preparar: Bíblia, mesa, crucifixo, vela e tiras de papel suficientes para cada catequizando, com frases do Creio, para serem completadas. Ex.: "Creio em Deus, que é...", "Creio em Jesus Cristo, que é...", "Creio no Espírito..."...

O ambiente: Receber os catequizandos com um abraço, pronunciando o nome de cada um, e entregar as frases para serem completadas. Os catequizandos, individualmente, completam as frases e partilham com todo o grupo.

Para você, catequista: Ao longo da história, Deus fala ao coração das pessoas para que elas o descubram, no decorrer de sua vida, como Deus Pai todo-poderoso, aquele que criou o céu, a terra e tudo o que nela existe. Pelos relatos bíblicos, pelos acontecimentos, aprende-se quem é Deus e o que Ele quer da pessoa e para a pessoa. Acreditar em Deus, que se revela como Pai criador do mundo; no Filho, o Redentor da Humanidade; e no Espírito Santo, Santificador dos fiéis. Mediante Jesus temos a revelação de Deus Pai e do Espírito Santo. Rezar o Credo é dizer sim a Deus e n'Ele depositar irrestritamente a nossa confiança e o nosso amor. A oração do Credo resume a fé que os cristãos professam em Deus. O Credo é proclamado nos domingos e dias de festa como a melhor resposta da comunidade diante da Palavra de Deus. A comunidade é o lugar privilegiado de manifestar a fé que recebemos da Igreja. O Credo é o tesouro da nossa alma. Rezar o Credo é dizer que acreditamos que a nossa vida veio de Deus e que está em suas mãos. É entrar em comunhão com Deus Pai, Filho e Espírito Santo; é também entrar em comunhão com a Igreja inteira, que nos transmite a fé, e no seio da qual nós vivemos.

Recordar – O que a nossa vida está dizendo?
- Quem são as pessoas em quem você mais confia?
- Por quê?
- O que faz você acreditar em alguém?

Escutar – O que o texto está dizendo?
Ler Jo 12,44-47.
Canto: "Dentro de mim existe uma luz".

Uma equipe de catequizandos apresenta a Bíblia, o crucifixo, a vela acesa e a frase: "Creio em Deus Pai, em Jesus Cristo, seu Filho, e no Espírito Santo". Todos cantam "Dentro de mim existe uma luz". Em seguida, um catequizando faz a leitura e todos, de pé, acompanham atentamente a proclamação.

- O que Jesus disse sobre o acreditar n'Ele?
- O que Jesus disse sobre a luz?

Meditar – O que o texto diz para mim?
- O que a Palavra de Deus me leva a perceber?
- O que eu posso fazer para aumentar a fé em Jesus Cristo?
- O que significa para mim sair das trevas e caminhar na luz?

Rezar – O que o texto me faz dizer a Deus?
Canto: "Creio, Senhor, mas aumentai minha fé!".

Oração
      Creio em Deus-Pai, todo poderoso,
      criador do céu e da terra.
      E em Jesus Cristo seu único Filho, Nosso Senhor,
      que foi concebido pelo poder do Espírito Santo,
      nasceu da Virgem Maria,
      padeceu sob Pôncio Pilatos,
      foi crucificado, morto e sepultado,
      desceu à mansão dos mortos,
      ressuscitou ao terceiro dia, subiu aos céus,
      está sentado à direita de Deus Pai, todo-poderoso,
      de onde há de vir a julgar os vivos e os mortos.

Creio no Espírito Santo,
na Santa Igreja Católica,
na comunhão dos Santos,
na remissão dos pecados,
na ressurreição da carne,
na vida eterna.
Amém.

Canto: "Creio, Senhor, mas aumentai minha fé!".

Contemplar – Olhar a vida como Deus olha
Vou colocar-me nas mãos de Deus, acreditando que Ele me criou, me conhece e me ama. Que por seu Filho Jesus Ele me salvou e que pelo Espírito Santo Ele faz de mim um lugar onde Ele habita.

Compromisso – O que a Palavra de Deus me leva a fazer?
Vou rezar com meus pais a oração do Credo.

Celebração da entrega do Credo
(Este rito pode ser realizado após a homilia)

Observações

- Assinalando uma etapa da formação dos catecúmenos e catequizandos, a Igreja confia-lhes, com amor, os documentos considerados desde a Antiguidade como compêndio de sua fé.
- Preparar uma mesa com toalha branca, sobre a qual serão colocados os pergaminhos ou papéis enrolados, previamente preparados, com o símbolo apostólico, conforme o número de catecúmenos e catequizandos. Recomendamos preparar espiritualmente o rito e sugerimos que, na véspera, se organize um encontro de oração com os catequizandos, pais, catequistas e introdutores. Meditar, orar e cantar inspirados no texto do Evangelho de Marcos 6,45-51: "Coragem, sou eu! Não tenham medo! Jesus subiu no barco com eles". No final, deve-se explicar o rito do dia seguinte, lembrando, item por item, o sentido da entrega do Símbolo Apostólico.

Entrega do Símbolo Apostólico (após a homilia)

Catequista: Queridos catecúmenos e catequizandos, aproximem-se do altar e permaneçam em volta dele, para receberem o Símbolo Apostólico.

O catequista chama um a um pelo nome. Depois, o presidente da celebração dirige aos catecúmenos e catequizandos as palavras a seguir ou outras semelhantes:

Presidente: Caríssimos catecúmenos e catequizandos, parabéns pela sua caminhada de fé! Hoje, em nome da Igreja, entrego-lhes o resumo, a síntese da nossa fé, assim como nos foi transmitida fielmente desde os apóstolos e que chamamos de Símbolo Apostólico ou Credo.

O padre ou o catequista entrega a cada catecúmeno e a cada catequizando o pergaminho ou papel enrolado contendo o Símbolo Apostólico.

Presidente: Rezemos irmãos e irmãs, para que Deus conserve e faça crescer sempre a fé que foi semeada no coração destes catecúmenos e catequizandos.

Depois de breve silêncio, prossegue:

Presidente: Concedei, Senhor, que estes catecúmenos e catequizandos, tendo acolhido vosso plano de amor e os mistérios da vida de Jesus, possam sempre proclamá-los com palavras e vivê-los pela fé, cumprindo em ações a vossa vontade. Por Cristo Nosso Senhor.

Todos: **Amém.**

Dirigindo-se aos catecúmenos e catequizandos diz:

Presidente: Agora, leiam em voz alta o Símbolo da Fé, juntamente com toda a comunidade.

Os catecúmenos abrem o pergaminho e, voltados para a assembleia, rezam o Símbolo Apostólico pausadamente. A celebração prossegue como de costume.

Domingo é o dia do Senhor

22º Encontro

Objetivo: Despertar nos catequizandos a convicção de que o domingo é um dia reservado para o Senhor.

Preparar: Bíblia, vela, toalha branca, planta com tronco e galhos, papel branco para desenhar, canetas, canetões, lápis de cera ou lápis de cor, fita adesiva e papel Kraft para o painel.

O ambiente: Receber os catequizandos com alegria e fundo musical.

Para você, catequista: Nós louvamos o Senhor no domingo, que a Igreja celebra como um dia de graça e de santidade. Desde o início do cristianismo os cristãos se reúnem para celebrar o domingo, o dia do Senhor. A Ceia do Senhor é o centro da celebração, pois é nela que toda a comunidade dos fiéis se encontra com o Senhor Ressuscitado, que a convida para o seu banquete. Para os cristãos, o domingo tornou-se o primeiro de todos os dias, a primeira de todas as festas, por causa da ressurreição de Jesus. O *Catecismo da Igreja Católica* diz: "Devido à tradição apostólica, que tem origem no próprio dia da ressurreição de Cristo, a Igreja celebra o mistério pascal a cada oitavo dia, no dia chamado, com razão, dia do Senhor ou domingo. O dia da ressurreição de Cristo é ao mesmo tempo o primeiro dia da semana, memorial do primeiro dia da Criação e o oitavo dia, em que Cristo, depois do seu repouso do grande sábado, inaugura o dia que o Senhor fez, o dia que não conhece ocaso" (cf. CIC, n. 1166 e 2174). O domingo é o dia de encontro com os irmãos para uma comunhão de amor e fraternidade. É o dia para viver a caridade, mas também o dia do repouso semanal.

Recordar – O que a nossa vida está dizendo?
- O que você costuma fazer aos domingos?
- Como sua família organiza o fim de semana?
- Há coisas que fazemos aos domingos que não fazemos em outros dias da semana?

Escutar – O que o texto está dizendo?
Ler Jo 20,19-29.
Canto: "O Sol nasceu, é novo dia".

Um catequizando apresenta a Bíblia e todos cantam um canto de aclamação. Um dos catequizandos proclama o texto bíblico e todos acompanham de pé a proclamação. Logo em seguida, sentam-se e, com ajuda do catequista, releem o texto seguindo cada um na própria Bíblia.

- Em que dia Jesus ressuscitou?
- O que faz Tomé não acreditar na ressurreição de Jesus?
- O que aconteceu aos discípulos quando Jesus se manifestou?

Meditar – O que o texto diz para mim?
- O que torna o meu domingo um dia especial?
- Quando me assemelho a Tomé?

Rezar – O que o texto me faz dizer a Deus?
Canto: Salmo 118(117): "Este é o dia que o Senhor fez para nós!".

Contemplar – Olhar a vida como Deus olha
Os catequizandos desenharão e depois colorirão o que é o domingo para eles. O catequista monta um painel com os desenhos feitos.

Compromisso – O que a Palavra de Deus me leva a fazer?
Vou participar da celebração dominical e visitar um pobre ou doente, partilhando algo.

O Batismo é um mergulho na Páscoa de Jesus

23º Encontro

Objetivo: Perceber que o Batismo nos faz participar da morte e da ressurreição.

Preparar: Bíblia, velas, bacia com água, toalha para a mesa e para as mãos.

O ambiente: Ao chegar, os catequizandos se colocam em círculo. Acolhem-se mutuamente, cantando um canto de boas-vindas. Em lugar de destaque, colocar sobre a mesa a Bíblia, uma vela e bacia com água e toalha.

Para você, catequista: O Batismo é o fundamento de toda a vida cristã, a porta de entrada para a vida na comunidade e o acesso aos demais sacramentos. Pelo Batismo somos libertados do pecado, renascemos e nos tornamos filhos de Deus, membros de Cristo, somos incorporados à Igreja e participantes de sua missão. Batizar significa mergulhar. A água é símbolo da vida em Jesus Cristo. A água é um dos símbolos do Batismo. Ela serve para refrescar, limpar, reanimar e matar a sede. Não podemos viver sem a água. No sentido religioso a água significa a purificação. Jesus afirmou ser Ele mesmo a água viva, a única água que sacia a sede do coração. Na Bíblia encontramos várias passagens que falam da água como símbolo de vida plena. O Batismo é "água viva", nossa participação na vida divina.

Recordar – O que a nossa vida está dizendo?

- Quais os efeitos positivos da água?
- O que acontece quando bebemos água, cozinhamos, regamos uma planta, tomamos banho, lavamos roupa...?
- Quais os efeitos negativos da água?
- O que acontece nas enchentes, quando uma barragem se rompe, quando alguém se afoga no mar?

Escutar – O que o texto está dizendo?
Ler Rm 6,3-5.
Canto: "Banhados em Cristo".

- De que o texto está falando?
- Vamos reler o texto, substituindo as palavras "batismo" e "batizar" por "mergulho" e "mergulhar", para entender melhor o texto?
- Segundo Paulo, o que significa o Batismo?

Meditar – O que o texto diz para mim?

- Como posso viver a vida nova que o Batismo me oferece?
- Quais os efeitos do Batismo na minha vida?

Rezar – O que o texto me faz dizer a Deus?
O catequista convida os catequizandos para se aproximarem, ao redor da pia batismal, e proclama:

> No dia do nosso Batismo nossos pais e padrinhos assumiram o compromisso de seguir os passos de Jesus, viver como irmãos, em comunidade, lutar juntos contra o mal. Eles usaram palavras bem comprometedoras: "Renuncio a todo o mal" e "Creio em Deus uno e trino". Agora nós mesmos podemos assumir este compromisso.

O catequista convida os catequizandos para mergulharem a mão na água e dizerem em voz alta o que prometem fazer para se assemelharem mais a Jesus. A seguir, convida-os para colocarem a mão na Bíblia e dizerem, em voz alta, a que a Palavra de Deus ensina a renunciar: à mentira, à injustiça, à preguiça, à briga, ao desrespeito. Colocar a mão sobre a vela acesa e cantar três vezes: "Creio Senhor, mas aumentai minha fé!".

Contemplar – Olhar a vida como Deus olha
Depois da experiência, o catequista convida os catequizandos a contemplarem a água: Cada um vai imaginar a sua vida unida à vida de Jesus Cristo, água viva, e meditar sobre a vida nova que Jesus o ajudou a descobrir.

Canto: "És água viva".

Compromisso – O que a Palavra de Deus me leva a fazer?
Procurar viver os propósitos assumidos diante da Palavra de Deus.
Contar aos pais como foi o encontro na catequese.
Os que já foram batizados deverão perguntar aos pais como aconteceu a celebração do Batismo deles?

No Batismo fomos ungidos em Cristo Jesus

24º Encontro

Objetivo: Compreender que somos ungidos em Cristo pelo óleo no dia do Batismo.

Preparar: Bíblia, velas e diferentes tipos de óleo: azeite, óleo para proteção solar, óleo medicinal, óleo industrial, óleo para lustrar móveis e um pratinho com algodão.

O ambiente: Preparar uma mesa, colocando a Bíblia, a vela, a cruz, flores e frascos de diferentes tipos de óleo, como os já sugeridos.

Para você, catequista: O óleo, como sabemos, tem finalidade e eficácia. É usado em muitas ocasiões da vida humana. Ele nos acompanha desde o nascimento até a morte, como alimento, combustível, lubrificante; para iluminação, fins terapêuticos e estéticos; nos perfumes. Enfim, é usado no trabalho, no comércio, no lazer. O óleo tem o caráter de dar força, resistência, agilidade, sabor, curar e conservar. Nas culturas antigas ele significava ainda riqueza, abundância, alegria, amizade, paz, aliança. Na Bíblia, a unção com óleo significa que alguém é consagrado em vista da realização de uma missão. No Antigo Testamento eram ungidos os sacerdotes, os reis e os profetas. Jesus foi consagrado e ungido pelo Pai para anunciar o Reino. A palavra "Cristo", que usamos junto ao nome Jesus, é uma palavra grega e significa "o ungido". O óleo é muito usado como símbolo nas celebrações litúrgicas. No dia do Batismo, o celebrante unge o catecúmeno com um óleo santo e diz: "Que a força de Cristo penetre em tua vida, como este óleo em teu peito".

Recordar – O que a nossa vida está dizendo?
- Para que serve o óleo?
- Que tipo de óleo você já usou?

- Onde você viu alguém usar óleo?
- Em que situações da vida usamos o óleo?
- Quais são as propriedades do óleo?

Escutar – O que o texto está dizendo?
Ler Lc 4,16-19.
Canto: "Pelo Batismo recebi uma missão".

A leitura é proclamada de forma dialogada. Os que não participam do diálogo ficam atentos à proclamação. Somente depois, todos sentados, releem o texto e acompanham em sua Bíblia.

Narrador: Jesus foi à cidade de Nazaré, onde se havia criado. Conforme seu costume, no sábado entrou na sinagoga e levantou-se para fazer a leitura. Deram-lhe o livro do profeta Isaías. Abrindo o livro, Jesus encontrou a passagem onde está escrito:
Jesus: "O Espírito do Senhor está sobre mim, porque me consagrou com a unção, para anunciar a Boa Notícia aos pobres; enviou-me para proclamar a libertação aos presos e aos cegos a recuperação da vista; para libertar os oprimidos e para proclamar um ano de graça do Senhor".

Momento de silêncio

- O que fez o Espírito do Senhor em Jesus?
- Para que Jesus foi ungido?

Meditar – O que o texto diz para mim?
- O que significa o fato de eu ter sido ungido?

Rezar – O que o texto me faz dizer a Deus?

Oração
        Senhor Jesus,
        nós vos damos graças pelo óleo santo com o qual nos ungistes.
        Por ele nos foi dado participar de vossa missão no mundo
        como sacerdotes, profetas e reis.
        Dai-nos sempre a força do vosso Espírito
        para que possamos lutar contra todo tipo de mal
        e viver sempre próximos a Vós,
        que viveis e reinais pelos séculos. Amém.

Contemplar – Olhar a vida como Deus olha

O catequista coloca um pouco de óleo perfumado nas mãos dos catequizandos e pede para que cada um esfregue uma mão na outra e depois sinta o odor agradável do perfume que o óleo tem. Em seguida, sugere a seguinte contemplação:

> Vou me colocar nas mãos de Deus, e, recebendo um pouco de óleo perfumado nas mãos, quero contemplar as atitudes que me fazem ser um bom perfume, no dia a dia de minha vida pessoal, familiar e escolar.

Compromisso – O que a Palavra de Deus me leva a fazer?

O catequizando registra no caderno três atitudes cristãs que pode assumir como batizado.

O batizado é um iluminado

Objetivo: Compreender que a vela acesa representa Jesus, luz da vida.

Preparar: Bíblia, o círio pascal e velas em número suficiente para os catequizandos.

O ambiente: Preparar uma mesa com o círio pascal, a Bíblia e velas em número suficiente para os catequizandos. Motivar previamente três catequizandos, para apresentar a mensagem da luz.

Para você, catequista: A luz tem sentido de vida nova, alegria e festa. Ela nos ajuda a andar com segurança, tendo sempre o caminho por onde passamos iluminado. A luz na vida pascal é relacionada com a claridade da luz de Cristo. O círio pascal representa o Cristo ressuscitado, vencedor das trevas da morte, luz que ilumina o mundo. O círio pascal é aceso durante todo o tempo pascal, e simboliza a vida nova da ressurreição de Jesus. No dia do Batismo os pais e padrinhos entregam ao neobatizado uma vela acesa. Ela significa que o cristão recebe a luz de Cristo, que é a luz do mundo. A luz de Cristo nos faz perceber o sentido da vida e compreender como trilhar o caminho de Deus (cf. RICA, n. 226). Assim como a vela tende a difundir em torno de si a sua luz e o seu calor, também o cristão, membro de Cristo e da Igreja pelo Batismo, deve difundir em torno de si o Reino de Deus, pois Jesus nos disse: "Eu sou a luz do mundo!", e noutra parte, "Vós sois a luz do mundo".

Recordar – O que a nossa vida está dizendo?
- Alguém já experimentou andar no escuro? O que aconteceu?
- O que acontece quando, de noite, falta a luz elétrica? Que providências tomamos?
- Apesar de a vela fornecer uma pequena chama, qual a diferença que ela produz neste momento?

Escutar – O que o texto está dizendo?
Ler Jo 8,12.
Canto: "Tua Palavra é lâmpada para os meus pés, Senhor!".

Dois catequizandos erguem o círio e a Bíblia e todos cantam. A leitura é feita por um catequizando e todos escutam.

- O que o Jesus diz?
- Que tipo de luz Jesus dá a quem o segue?

Meditar – O que o texto diz para mim?
- Quais as atitudes que me levam a ser luz?
- Onde e quando posso ser luz?

Rezar – O que o texto me faz dizer a Deus?
Todos acendem a sua vela e cantam:
Canto: "Dentro de mim".

Contemplar – Olhar a vida como Deus olha
O catequista convida cada um a imaginar a chama da vela passando para o seu coração e, ao fazer isso, os catequizandos apagam as velas e as entregam ao catequista, silenciosamente. Depois, todos cantam:
Canto: "Ó luz do Senhor" ou "Caminhamos pela luz de Deus".

Compromisso – O que a Palavra de Deus me leva a fazer?
Ler com os pais em cada dia da semana:
2ª feira – Mt 5,14-16;
3ª feira – 1Ts 5,4-8;
4ª feira – 1Jo 1,5-7;
5ª feira – 1Jo 2, 8-11;
6ª feira – Sl 27(26).

> **Lembrete:** O catequista sugere aos catequizandos para trazerem uma espiga de trigo no próximo encontro.

Celebração do Batismo e profissão de fé dos catecúmenos e renovação das promessas batismais dos catequizandos

(Pode-se elaborar um folheto específico desta celebração.)

Orientações sobre o Rito de entrada

Esta é uma importante celebração do processo catecumenal. Catequistas e equipe de liturgia preparem-na bem. Devem estar em destaque nessa celebração os catecúmenos, ou seja, os que estão se preparando para receber a primeira comunhão, mas que ainda não foram batizados. Os demais catequizandos também participam desta celebração, pois nela eles irão renovar suas promessas batismais. A procissão de entrada da celebração é organizada, e dela farão parte os catecúmenos, catequizandos e seus catequistas. Os pais e padrinhos já podem estar na assembleia em lugar previamente determinado. Se julgarem oportuno, os pais e padrinhos podem participar da procissão, em especial, aqueles pais e padrinhos dos que receberão o Batismo.

1. APRESENTAÇÃO DOS ELEITOS

Após a homilia, o catequista introduz o rito e apresenta os catecúmenos. O catequista chama os catecúmenos, um por um, pelo nome. Cada um deles aproxima-se do presidente da celebração e permanece de pé. Se forem numerosos, poderão permanecer de pé, no próprio lugar.

Catequista: Nossa comunidade está muito feliz, pois irão aproximar-se da fonte batismal alguns catecúmenos que, tendo desejado participar da mesa eucarística e não tendo ainda sido batizados, serão, no dia de hoje, incorporados à Igreja pelo Sagrado Batismo e continuarão seu caminho de iniciação à vida eucarística. Portanto, queiram aproximar-se os que receberão a graça batismal: N.

Catecúmeno: Aqui estou!

Dirigindo-se aos catecúmenos, o padre diz:

Padre: Pelo Batismo vocês agora farão parte da Igreja que é o Corpo de Cristo. Foi Cristo que os chamou para serem discípulos d'Ele. Com o auxílio do céu, invocaremos o Espírito Santo sobre a água que usaremos para o Batismo.

2. ORAÇÃO SOBRE A ÁGUA

Voltando-se para a fonte batismal, de mãos estendidas e em tom solene, o padre reza:

Padre: Ó Deus, pelos sinais visíveis dos sacramentos, realizais maravilhas invisíveis! Ao longo da história da salvação,

	Vós vos servistes da água para fazer-nos conhecer a graça do Batismo. Já na origem do mundo vosso espírito pairava sobre as águas, para que elas concebessem a força de santificar.
Todos:	**Fontes do Senhor, bendizei ao Senhor!**
Padre:	Nas águas do dilúvio, prefigurastes o nascimento da nova humanidade, de modo que a mesma água sepultasse os vícios e fizesse nascer uma vida nova. Concedestes aos filhos de Abraão atravessar o Mar Vermelho a pé enxuto, para que, livres da escravidão, prefigurassem o povo nascido na água do Batismo.
Todos:	**Fontes do Senhor, bendizei ao Senhor!**
Padre:	Vosso Filho Jesus, ao ser batizado nas águas do Jordão, foi ungido pelo Espírito Santo. Pendente da Cruz, do seu coração aberto pela lança fez correr sangue e água. Após sua ressurreição, ordenou aos apóstolos: "Ide, fazei meus discípulos todos os povos, e batizai-os em nome do Pai, e do Filho, e do Espírito Santo" (Mt 28,19).
Todos:	**Fontes do Senhor, bendizei ao Senhor!**
Padre:	Olhai agora, ó Pai, a vossa Igreja e fazei brotar para ela a água do Batismo. Que o Espírito Santo dê por esta água a graça de Cristo, a fim de que homem e mulher, criados à vossa imagem, pelo Batismo sejam lavados da antiga culpa e renasçam, pela água e pelo Espírito Santo, para uma vida nova!

O padre mergulha o círio pascal na água, ou simplesmente toca a água com a mão e, em tom solene, diz ou canta:

Padre:	Nós vos pedimos, ó Pai, que por vosso Filho desça sobre esta água a força do Espírito Santo. E todos os que, pelo Batismo, foram sepultados na morte com Cristo ressuscitem com Ele para a vida. Por Cristo, Nosso Senhor.
Todos:	**Amém! (cantado)**

3. RENÚNCIA E PROFISSÃO DE FÉ

Dirigindo-se aos catecúmenos que vão ser batizados, o padre diz:

Padre:	Antes do Batismo, vocês vão prometer lutar contra todo mal e professar a fé da Igreja. Estão dispostos a fazer isso?
Catecúmenos:	Sim, estou.

Dirigindo-se aos que já foram batizados, o padre continua:

Padre:	E vocês, que já foram batizados quando pequeninos, estão dispostos pela fé em Jesus Cristo a renovar a renúncia a tudo o que os afasta dele e a renovar a profissão de fé?
Catequizandos:	Sim, estou.

Dirigindo-se aos catecúmenos e catequizandos:

Padre:	Para viver na liberdade dos filhos de Deus, vocês renunciam ao pecado?

Catecúmenos e Catequizandos:	Renuncio.
Padre:	Para viver como irmãos, vocês renunciam a tudo o que causa desunião?
Catecúmenos e Catequizandos:	Renuncio.
Padre:	Para seguir Jesus Cristo, vocês renunciam a todo mal?
Catecúmenos e Catequizandos:	Renuncio.
Padre:	Vocês creem em Deus Pai todo-poderoso, criador do céu e da terra?
Catecúmenos e Catequizandos:	Creio.
Padre:	Vocês creem em Jesus Cristo, seu único Filho, nosso Senhor, que nasceu da Virgem Maria, padeceu e foi sepultado, ressuscitou dos mortos e subiu ao céu?
Catecúmenos e Catequizandos:	Creio.
Padre:	Vocês creem no Espírito Santo, na Santa Igreja Católica, na comunhão dos santos, na remissão dos pecados, na ressurreição dos mortos e na vida eterna?
Catecúmenos e Catequizandos:	Creio.
Padre:	Esta é a nossa fé que da Igreja recebemos e sinceramente professamos, razão da nossa alegria em Cristo Nosso Senhor.
Todos:	**Amém.** (cantado)

4. BANHO BATISMAL

Um a um, os catecúmenos se aproximam da pia batismal. Os pais e os padrinhos também se aproximam. Os padrinhos colocam a mão direita no ombro direito do afilhado(a). Segue-se o banho batismal. Pode-se optar pelo mergulho total ou parcial se houver pia batismal adaptada. Caso contrário, um a um, os catecúmenos aproximam-se com seus pais e padrinhos da pia batismal. O padre derrama três vezes água abundante sobre a cabeça do batizando, enquanto diz:

Padre: N., eu te batizo em nome do Pai, e do Filho e do Espírito Santo.

A cada neófito batizado segue-se um refrão de aclamação seguido de palmas.
Em seguida, em fila, os catequizandos que já haviam sido batizados aproximam-se um a um da pia batismal e traçam o sinal da cruz como sinal de renovação do próprio Batismo. Havendo condições, logo em seguida, o padre asperge toda a comunidade enquanto todos cantam o Salmo 22, o Bom-Pastor.

5. RITOS COMPLEMENTARES

Unção com óleo do Crisma

Para os neófitos apenas

Padre: O Deus todo-poderoso, Pai de Nosso Senhor Jesus Cristo, que fez vocês renascerem pela água e pelo Espírito Santo e os libertou de todos os pecados, unge suas cabeças com o

	óleo da salvação, para que vocês façam parte de seu povo, como membros de Cristo, sacerdote, profeta e rei, até a vida eterna.
Neófitos:	Amém!

Em silêncio, o padre unge os neófitos, um a um, derramando um pouco de óleo do Crisma na cabeça.

Entrega da luz

Padre:	Aproximem-se, padrinhos e madrinhas. Vocês vão entregar esta vela acesa a seu afilhado ou afilhada. Mas lembrem-se de sua responsabilidade: com seu exemplo, vocês devem ajudá-los a caminhar sempre como filhos da luz.

O padre, ou catequista, entrega aos padrinhos uma vela. Eles a acendem no círio pascal e a passam às mãos dos afilhados. Depois, o padre, com as mãos estendidas, continua:

Padre:	Deus tornou vocês luz em Cristo. Caminhem sempre como filhos da luz, para que, perseverando na fé, possam ir ao encontro do Senhor com todos os santos, no Reino celeste.
Neófitos:	Amém!

Concluído o rito do Batismo, a assembleia manifesta sua alegria batendo palmas para os neófitos e cantando um canto de ação de graças. A Missa continua a partir da oração dos fiéis, na qual se devem fazer preces especiais para os neófitos e para todos os que farão a primeira comunhão, para os pais e para os que colaboraram no catecumenato.

6. ATO DE ENTREGA A NOSSA SENHORA

Antes da bênção final, os que receberam o Batismo nesta celebração aproximam-se da imagem de Nossa senhora. Os demais apenas se voltam para a imagem. Então o padre diz estas palavras, ou outras semelhantes:

Padre:	Hoje nossos catequizandos receberam o Batismo ou renovaram as promessas batismais, para fazerem parte da Igreja de Jesus. Onde está a verdadeira Igreja de Jesus, aí está também Maria, sua Mãe. Vamos confiar estes eleitos à especial proteção de Maria, Mãe de Deus e Mãe da Igreja. Oremos...

Momento de oração silenciosa

Padre:	Maria, Mãe de Jesus, companheira de nossa caminhada, sempre fiel ao projeto do Pai, a vós confiamos estes nossos pequenos irmãos e irmãs. Conduzidos pelo Espírito, sejam sempre fiéis ao Evangelho, cresçam em sabedoria, idade e graça.
Todos:	Amém!

Os catequizandos entoam um canto a Maria, ensaiado com antecedência.

26º Encontro

A Eucaristia: comunhão com Deus e com os irmãos

Objetivo: Despertar no catequizando a convicção de que a Eucaristia nos une a Deus e aos irmãos.

Preparar: Mesa com toalha branca, cartaz de boas-vindas, Bíblia, velas, vaso, aparelho de som e as palavras: união, amizade, comunidade, partilha, perdão, festa.

O ambiente: Receber os catequizandos com música e alegria. Fixar o cartaz de boas-vindas em lugar bem visível. Quando todos estiverem reunidos, desligar a música e propor que se faça um círculo. Acolher falando da alegria de recebê-los. Entregar para cada catequizando uma das palavras: união, amizade, comunidade, partilha, perdão ou festa.

Para você, catequista: A Eucaristia é a celebração da entrega total de Jesus ao Pai, pela humanidade. Na Eucaristia, a comunidade se reúne como uma família para celebrar a vida e a fé. Jesus escolheu um jeito maravilhoso para ficar com a gente. Escolheu a refeição. A refeição é a melhor forma de expressar o significado profundo do encontro entre Jesus Cristo e a comunidade. Esse encontro tem vínculos muito fortes de misericórdia, amor e de solidariedade entre Cristo e a sua comunidade. Na Eucaristia, cada pessoa oferece a sua vida em comunhão com Cristo, e o próprio Cristo se faz alimento, para comunicar a sua vida. A Eucaristia é a ação de graças ao Pai pela salvação trazida por Jesus. É o momento oportuno para a comunidade louvar a Deus e caminhar unida, rumo ao Reino definitivo.

Recordar – O que a nossa vida está dizendo?

Em equipes de três, os catequizandos vão encontrar a relação entre a espiga de trigo, a palavra recebida e a comunidade. Depois todos partilham a sua reflexão no grande grupo e colocam a espiga (solicitada no encontro anterior) com a palavra nela colada, num vaso sobre a mesa.

- O que observamos na espiga de trigo?
- Qual deve ser a qualidade da espiga?
- Que tipo de espiga você escolheria para oferecer a uma pessoa amiga?
- Quando nos assemelhamos a uma boa espiga?

À semelhança de uma espiga que se debulha e apresenta falhas nos grãos, a comunidade também pode passar por esse processo. No entanto, enquanto o debulhar da espiga é um fenômeno natural, as falhas na comunidade geram desequilíbrio. Nesse momento, onde a comunidade deve buscar auxílio para reencontrar o equilíbrio necessário?

Escutar – O que o texto está dizendo?
Ler 1Cor 10,16-17.
Canto: "Onde reina o amor".

A leitura é feita por um catequizando. Todos acompanham, sentados e em silêncio. Depois de alguns minutos, outro catequizando proclama o mesmo texto e todos acompanham em suas próprias Bíblias.

- Que significa comer do mesmo pão e beber do mesmo cálice?
- O que é esse pão? O que é esse cálice?

Meditar – O que o texto diz para mim?
Em breve vamos fazer a nossa primeira participação na Comunhão Eucarística. O que vai significar comer do pão e beber do vinho da Eucaristia?

Rezar – O que o texto me faz dizer a Deus?

Oração
>Obrigado, Senhor!
>Estamos aprendendo que participar da Comunhão Eucarística
>nos faz permanecer unidos.
>A Eucaristia nos faz comungar com a tua vida
>e com a vida da comunidade.
>Faz-nos, Senhor, teus amigos mais íntimos.
>Queremos estar contigo e amar-te sempre mais.
>E na tua amizade queremos amar o nosso próximo
>como nos ensinaste.
>Isso te pedimos a ti, que reinas pelos séculos. Amém.

Canto: "Caminhamos pela luz de Deus".

Contemplar – Olhar a vida como Deus olha

Observe o prato com os pães e as espigas que está no centro da sala. Lembre-se de todo o processo pelo qual a espiga passou até chegar a ser pão. Partilhe com os seus colegas de catequese as ideias bonitas que você está tendo ao ver as espigas e o pão juntos. Lembre-se de que Jesus deixou o Pão como sinal permanente de sua presença. Ele disse: "Eu sou o Pão da Vida. Quem comer deste pão viverá eternamente".

Compromisso – O que a Palavra de Deus me leva a fazer?

Vou perguntar aos meus pais como a nossa família pode ser bem unida e como podemos ajudar a comunidade a ser fonte de alegria, união, perdão e partilha.

> **Lembrete:** No próximo encontro, os catequizandos deverão trazer pão para a partilhar.

A Eucaristia: Mesa da Palavra e Mesa do Pão

27º Encontro

Objetivo: Compreender que as duas partes centrais da missa formam uma unidade: a Mesa da Palavra e a Mesa da Eucaristia.

Preparar: Um cartaz com o nome de objetos e símbolos que são usados na missa: crucifixo, velas, hóstias grandes e pequenas, cálice, patena, âmbula, vinho e água, túnica, sanguíneo, estola, pala, galhetas, manustérgio, corporal, Bíblia, flores e toalhas. Se tiver, colocar também o *Lecionário dominical*, *Lecionário semanal*, o *Santoral* e o *Evangeliário*. Arranjar também uma toalha, um pão partido, um copo de vinho e uma Bíblia aberta.

O ambiente: Preparar antecipadamente a encenação do texto bíblico, símbolos e objetos usados para a celebração da missa, para mostrar aos catequizandos. Se possível, realizar este encontro na igreja, para poder explicar e mostrar os objetos, os símbolos, o ambão – Mesa da Palavra e o altar, Mesa do Pão e do Vinho.

Para você, catequista – A celebração eucarística nos leva a repetir o gesto que Jesus realizou na última ceia, uma refeição comunitária ao redor de uma mesa como sacrifício e culto de adoração ao Pai por meio de Jesus. Os primeiros cristãos se reuniam para ouvir os ensinamentos dos apóstolos e também para repetir o que Jesus havia feito na última ceia. Tomavam o pão e o vinho e repetiam o gesto de Jesus porque Ele mesmo havia pedido: "Fazei isto em memória de mim". A missa se compõe de duas partes principais: A Mesa da Palavra e a Mesa do Pão e do Vinho. Elas são inseparáveis e formam uma unidade. No acontecimento da viagem dos dois discípulos de Emaús, o fato apresenta estas duas realidades: a Mesa da Palavra e a Mesa do Pão e do Vinho.

> Quando Jesus explica as Escrituras, nos reporta à Mesa da Palavra; ao tomar o pão, abençoá-lo, parti-lo e servi-lo aos dois discípulos, nos reporta à Mesa do Pão e do Vinho. Na Mesa da Palavra se proclama a Palavra de Deus e se responde a ela: 1ª leitura, salmo, 2ª leitura, aclamação ao Evangelho, proclamação do Evangelho, homilia, momento de silêncio, o credo e a oração dos fiéis. Na Mesa do Pão e do Vinho acontece a grande Ação de Graças de Jesus ao Pai, a transformação do pão e do vinho no Corpo e Sangue de Jesus Cristo, e pela comunhão a comunidade se insere no grandioso Mistério da Páscoa de Jesus. O rito eucarístico tem as seguintes partes: preparação das oferendas, oração eucarística, fração do pão e comunhão.

Recordar – O que a nossa vida está dizendo?
O catequista faz perguntas aos catequizandos sobre "contar histórias":
- Quem gosta de ouvir ou contar histórias?
- Em casa, quem são as pessoas que contam histórias da família? (os pais, avós, irmãos...)
- É bom escutar as histórias familiares? Isso tem a ver com a gente?
- Quando contamos histórias, comemos ou bebemos alguma coisa juntos? (cafezinho, pipoca...)

Escutar – O que o texto está dizendo?
Ler Lc 24,13-35.
Canto: "Fica conosco, Senhor".

Pode-se encenar ou dialogar o texto. Depois, fazer um momento de silêncio. Se ocorrer a encenação, não deixar faltar a proclamação do texto.

- O que estava acontecendo com os dois discípulos?
- Quem se juntou aos dois discípulos?
- Sobre o que Jesus e os discípulos conversavam?
- O que aconteceu ao chegarem a Emaús?

Meditar – O que o texto diz para mim?
- Vou fazer memória do texto e conectar meu coração ao coração de Jesus, renovar meu compromisso de ser sensível aos sinais de amor e misericórdia de Deus.

Rezar – O que o texto me faz dizer a Deus?

Oração
>Senhor, como os discípulos de Emaús, somos peregrinos.
>Vem caminhar conosco!
>Dá-nos o teu Espírito, para que façamos da catequese
>caminho para o discipulado.
>Abre os nossos ouvidos para escutar tua Palavra,
>fonte de vida e missão.
>Ensina-nos a partilhar do pão, alimento para a caminhada.
>Permanece conosco!
>Tu, que vives e reinas pelos séculos. Amém.

Canto: "Vós sois o caminho a verdade e a vida".

Contemplar – Olhar a vida como Deus olha

Colocar sobre uma mesa, ao centro, um pão partido, um copo de vinho e uma Bíblia. Convidar os catequizandos a contemplarem a cena e a recordarem o texto bíblico, em silêncio.

- O que estes símbolos estão dizendo?

As respostas podem ser partilhadas no grupo.

Compromisso – O que a Palavra de Deus me leva a fazer?
Vou ficar mais atento à Palavra de Deus durante a missa.
No próximo domingo quero assumir uma ação que vou realizar a partir dos textos bíblicos que ouvirei.
Vou contar aos meus pais tudo o que compreendi e senti no encontro de hoje.

28º Encontro

A Eucaristia: memória, festa e ação de graças ao Pai

Objetivo: Perceber que a Eucaristia é ação de graças e louvor ao Pai.

Preparar: Bíblia, flores, música, cartazes de boas-vindas, mesas, uma para o centro da sala e a outra para colocar os alimentos para a festa, toalha branca, velas, pão, suco de uva e a frase: "Vinde todos comer do manjar e do vinho gostoso provar".

O ambiente: Acolher os catequizandos com música e muita alegria. Preparar uma mesa com toalha branca, colocando a Bíblia, flores, vela, pão e suco de uva sobre a mesa. Colocar em lugar de destaque o cartaz de boas-vindas, enfeitar o local do encontro e apresentar a frase: "Vinde todos comer do manjar e do vinho gostoso provar". Convidar os catequizandos para formarem um círculo ao redor da mesa, dar as boas-vindas e revelar o objetivo da festa: louvar a Deus e viver o momento de alegria.

Para você, catequista: Todo acontecimento importante merece ser festejado, comemorado, celebrado. Do contrário, perderá a sua importância. Celebrar é viver, de modo profundo e verdadeiro, algo que merece a nossa atenção: pessoa ou fato.
Nas nossas festas de aniversário, de casamento e até mesmo nos enterros, mesmo em torno do pouco de que possamos dispor, por mais humilde que possa ser a celebração, sua nobreza e riqueza se evidencia por meio dos sinais que compõem a festa: reunião das pessoas envolvidas e amigas, comida e bebida, ambiente preparado, homenagens e singelos presentes. Tudo para que o acontecimento venha à tona na festa. Ao participar de uma reunião festiva, não apenas encontramos pessoas, comemos, bebemos e nos alegramos. Na verdade, tomamos parte no acontecimento celebrado

pelos diversos sinais e ritos que a evidenciam. Entramos em comunhão com símbolos e ritos, fazemos parte deles e os deixamos agir em nossa vida. Exemplo: comendo um pedaço de bolo de aniversário, estamos fazendo mais do que degustar um saboroso confeito de farinha e doce. Estamos nos nutrindo da vida e da história do aniversariante. Não é diferente com Deus. Ele se serve dessas estruturas humanas para nos tornar participantes do maior e mais importante acontecimento da nossa salvação: Jesus Cristo e sua Páscoa. Sobretudo este acontecimento merece ser evidenciado com uma reunião, com uma refeição, com um ambiente preparado, com convidados e homenagens. Mas ao fazer isso, não apenas nos recordamos mentalmente ou nos confraternizamos em torno de um fato passado, como nós tomamos parte dele, entramos em comunhão, deixamos que esse acontecimento se torne para nós algo vivido e atual. Revivemos isso por meio dos sinais e ritos que fazemos e pela ação do próprio Deus, que nos reúne.

No HOJE da celebração temos acesso ao que aconteceu com Jesus e com a sua pessoa (contemporaneidade). Temos acesso a Ele e ao que aconteceu com Ele, ou seja, conhecemos sua livre decisão de oferecer a vida, sua paixão, morte e ressurreição, sua vitória sobre a maldade do mundo. Isso é comemorar.

Resumindo, fazer uma ação memorial conjunta é "comemoração". Reunir, ouvir a Escritura, tomar o pão e o vinho, render graças sobre eles, comer o pão e beber o vinho são gestos e sinais que alcançam a própria pessoa de Jesus e o acontecimento da fé cristã, o seu Mistério Pascal. Por meio dessa festa eucarística, do memorial, do louvor e da ação de graças, realizamos em nós aquilo que aconteceu ao próprio Jesus, e nos tornamos um com Ele.

Recordar – O que a nossa vida está dizendo?
- Por que as pessoas se reúnem em festa?
- O que elas celebram?

Escutar – O que o texto está dizendo?
Ler Mt 26,26-29.
Canto: "Aleluia, aleluia, aleluia, Jesus vai falar".

O catequista apresenta a Palavra de Deus, todos batem palmas, enquanto cantam. O texto é proclamado pelo catequista. Faz-se um momento de silêncio.

- O que aconteceu naquela ceia de Jesus com os seus amigos?
- O que Jesus fez com o pão e com o vinho?
- E depois da ceia, o que fizeram?

Reler o texto individualmente.

Meditar – O que o texto diz para mim?

- Quero me concentrar e perceber que, na véspera de sua morte, Jesus instituiu uma nova e significativa refeição, uma "refeição de comunhão". Vou ao encontro deste alimento para buscar a força necessária para ser uma nova pessoa.

Rezar – O que o texto me faz dizer a Deus?

Oração

Deus nosso Pai, nós vos louvamos por todas as coisas bonitas
que existem no mundo e também pela alegria que dais a todos nós.
Nós vos louvamos pela luz do dia e pela vossa Palavra, que é a nossa luz.
Nós vos louvamos pela terra onde moram todas as pessoas e
pelo alimento e pelas famílias e pessoas amigas que temos.
Obrigado pela vida que de Vós recebemos.
Obrigado porque quereis permanecer conosco em Jesus,
que se fez nosso alimento e nos reúne ao redor da vossa mesa.
Amém.

Contemplar – Olhar a vida como Deus olha
Convidar os catequizandos a preparar a mesa, enfeitá-la com flores e, quando tudo estiver pronto, participar da festa.

Compromisso – O que a Palavra de Deus me leva a fazer?
Sugerir aos catequizandos que partilhem algo com um colega mais necessitado.

> **Lembrete:** Trazer flores para o próximo encontro.

A Eucaristia: celebração do mistério pascal

29º Encontro

Objetivo: Aprofundar a Eucaristia como celebração da Paixão, Morte e ressurreição de Jesus.

Preparar: Bíblia, círio pascal, crucifixo, copo de suco de uva, pão partido, mesa com toalha branca, e as palavras Eucaristia e ressurreição.

O ambiente: Mesa com toalha branca, círio pascal aceso, Bíblia e as palavras ressurreição e Eucaristia. Receber os catequizandos alegremente, com fundo musical sobre o tema da ressurreição. Perguntar se lembraram de trazer flores (tarefa do encontro anterior). O que vamos fazer com elas? O catequista propõe enfeitar uma cruz, simbolizando a vida plena que recebemos de Jesus pelos seus sofrimentos na cruz. À medida que os catequizandos enfeitam a cruz, o catequista traz, para junto dos outros sinais, um pão partido e um copo de vinho.

Para você, catequista: Bem no centro da Eucaristia, encontramos uma aclamação muito importante: "Anunciamos, Senhor, a vossa morte e proclamamos a vossa ressurreição. Vinde, Senhor Jesus!". Esta aclamação, feita logo após o relato da instituição, mostra o entrelaçamento que existe entre a Eucaristia e o mistério pascal de Cristo (vida, missão, paixão, morte e ressurreição de Jesus Cristo). Celebrar a Eucaristia tem a ver com a profissão de fé na páscoa do Senhor. O sinal do pão e do vinho partilhados nos remete à sua entrega voluntária na cruz. Pão partido e vinho distribuído simbolizam sua dádiva pela humanidade: vida partida e repartida para dar mais vida pela salvação dos outros. O que Jesus fez na ceia só se entende a partir da sua cruz e ressurreição. A sua morte na cruz e a sua ressurreição só podem ser entendidas e vividas ao redor da mesa da Eucaristia. Por isso, os discípulos abrem os olhos na hora em que Jesus parte o pão. Pelo mesmo motivo é que seus corações pegam fogo. O que parecia incompreensível recebeu uma nova luz quando, à mesa, Jesus partiu o pão: Ele entregou a sua vida como o alimento partilhado.

A sua presença está então garantida em nosso meio toda vez que nos reunimos em seu nome, clareamos a mente e o coração com a luz das Escrituras, professamos a fé, testemunhamos o seu amor, nos erguemos de nossas fraquezas, abrimos os olhos e deixamos o Espírito incendiar o coração. Celebrar a Eucaristia é o mesmo que escutar a sua voz, tocar as suas chagas, ouvir o seu ensinamento, olhar em seus olhos, curtir a sua presença. Quem celebra a Eucaristia pode dizer: "Realmente, o Senhor ressuscitou!".

Recordar – O que a nossa vida está dizendo?
- Que sofrimentos a nossa comunidade está enfrentando atualmente?
- Você já passou por algum sofrimento?
- Como conseguiu superar esse sofrimento?

Escutar – O que o texto está dizendo?
Ler Lc 24,28-39.
Canto: "Ressuscitou de verdade".

Alguns catequizandos apresentam a Bíblia, o círio, o crucifixo e a palavra "ressurreição". A leitura é feita por um catequizando.

- O que o texto está falando?
- Que convite os discípulos fizeram a Jesus?
- O que aconteceu aos discípulos?
- O que disseram e o que fizeram?
- Depois que os dois discípulos anunciaram a Boa-nova aos demais, o que aconteceu?

Meditar – O que o texto diz para mim?
- O que nos abre os olhos da fé e incendeia o nosso coração hoje?
- Onde reencontramos Jesus ressuscitado, vencedor da morte?

Rezar – O que o texto me faz dizer a Deus?

Com a mão no círio pascal, cantar.
Canto: "Ó luz do Senhor".

Os catequizandos voltam aos seus lugares, e o catequista inicia uma ladainha, a ser continuada por eles.

Catequista:	Em nosso encontro de catequese
Todos:	**Fica conosco, Senhor!**
Catequizando:	Quando estou sem motivação para estudar
Todos:	**Fica conosco, Senhor!**
Catequizando:	Quando tenho medo e me sinto só
Todos:	**Fica conosco, Senhor!**
Catequizando:	Quando nos encontramos com os amigos para brincar
Todos:	**Fica conosco, Senhor!**
Catequizando:	Quando estou na escola
Todos:	**Fica conosco, Senhor!**
Catequizando:	Quando tenho coragem de falar de ti aos meus amigos
Todos:	**Fica conosco, Senhor!**

(Deixar os catequizandos darem continuidade)

Contemplar – Olhar a vida como Deus olha
Dois a dois, os catequizandos farão uma partilha:
- Em que momento da vida sentimos a presença de Jesus ressuscitado?

Compromisso – O que a Palavra de Deus me leva a fazer?
Antes de dormir, vou perguntar a mim mesmo: no decorrer do dia meu rosto foi alegre e manifestou que Jesus ressuscitou e vive em mim?

Lembrete: O próximo encontro será uma celebração e culminará com um momento de confraternização. Os catequizandos deverão ser divididos em equipes e, de forma criativa, apresentarão aspectos da vida de Jesus, recorrendo a cantos, poesias, parábolas, frases, *rap*, trovas, repentes, entrevistas etc. Conforme o sorteio realizado, cada equipe irá se apresentar no final da celebração.

Celebração: queremos conhecer Jesus, Caminho, Verdade e Vida

Observações

A celebração tem por objetivo despertar nos catequizandos o entusiasmo missionário, fazê-los crescer na comunhão com Deus, estimular para um processo crescente de se aproximar de Jesus e ter com Ele um encontro pessoal. Como as demais, esta celebração deve ser bem preparada pelo padre, catequistas e pela equipe de liturgia como um momento celebrativo e orante no itinerário do catecumenato. É bom preparar um ambiente acolhedor e alegre. Um painel com fotos ou figuras da comunidade reunida, da leitura da palavra e da ressurreição de Jesus. Sobre uma mesa, objetos que lembram a celebração eucarística: água, pão partido, objetos litúrgicos, trigo, uva. Prever uma mesa, para colocar os alimentos da partilha, no final da celebração. É importante preparar bem o momento da mensagem em festa.

Abertura

Vem, Deus da vida, vem nos ajudar!
Vem, não demores mais, vem nos libertar!
Venham, adoremos a nosso Senhor,
dele vem a vitória, Deus libertador!
Com o teu povo unido venho agradecer,
por graças recebidas, vamos bendizer.
A tua passagem nos dá vida e paz,
tua presença amiga só prazer nos traz.
Glória ao Pai, ao Filho e ao Santo Espírito.
Glória à Trindade Santa, glória ao Deus bendito.
Aleluia, irmãs, aleluia, irmãos!
Povo agradecido, faça a louvação.

Catequista: Queridos catequizandos, cumprimentamos vocês pelo entusiasmo e vontade de crescer no conhecimento de Jesus, Caminho, Verdade e Vida. No Evangelho de João 12,21, lemos que alguns pagãos que tinham ido a Jerusalém para prestar culto a Deus, dirigiram-se aos apóstolos e pediram: "Queremos ver Jesus!". O coração deles estava buscando Jesus. O coração de vocês também quer conhecer mais profundamente a Jesus, por isso no dia de hoje vamos nos alegrar através da oração, confraternização e partilha.

Recordação da vida

- Em nossa família e na comunidade, como comemoramos os acontecimentos importantes e alegres?
- O que lhe chamou atenção na catequese e que foi para você motivo de louvor alegria e festa?
- Quais foram os momentos na catequese que lhe despertaram entusiasmo e alegria por conhecer Jesus?

Salmo 111(110)
(pode ser rezado por dois catequistas)

>Dou graças ao Senhor de coração,
>com os santos todos seus em comunhão.
>São grandes as proezas do Senhor,
>motivos para dar graças e louvor.
>
>Bonito e formidável o que Ele faz,
>ninguém sua justiça abafa não;
>realiza grandes maravilhas,
>e conosco tem carinho e compaixão.
>
>Fornece a quem o teme o alimento,
>se lembra que assinou uma aliança;
>demonstra ao povo todo seus portentos
>e deixa-lhe as nações por sua herança.
>
>Ao Pai que a todos nós se manifesta,
>ao Filho Jesus Cristo, o Salvador,
>ao Espírito que habita em nosso peito,
>toda honra, toda graça, todo amor!

Evangelho
Ler Jo 12,20-24.

A Bíblia é trazida por um grupo de catequizandos, em ritmo de dança e música. Todos ficam de pé e ouvem atentamente a proclamação do Evangelho.

Meditação
Concluída a proclamação, todos se sentam e o catequista dirige uma meditação a partir do Evangelho proclamado e das experiências vividas até aquele momento na catequese.

Preces
O catequista introduz algumas preces que poderão ser previamente preparadas e lidas pelos catequizandos. Outras preces poderão surgir espontaneamente da assembleia reunida.

Bênção dos catequizandos pelos pais
Em grande círculo, os catequizandos permanecem junto aos seus pais que impõem as mãos sobre a cabeça do próprio filho e juntos rezam.

Pais: Deus Pai todo-poderoso, fonte de bênção e defensor dos que vos procuram, Vós enriquecestes e nos alegrastes com o dom da vida dos nossos filhos, olhai benignamente para eles que buscam conhecer mais profundamente a Jesus. Dignai-vos orientá-los para que, pelo Espírito Santo, sigam a Jesus Cristo, Caminho, Verdade e Vida, e aprendam a bendizer-vos com toda a Igreja. Isto vos pedimos por Cristo, Nosso Senhor.

Todos: Amém!

Partilha

Catequista: Sempre que estamos felizes nos reunimos para partilhar a nossa alegria. Jesus participava de festas, como nas bodas de Caná. Vamos neste momento partilhar com alegria o que cada um trouxe e colocou em comum.

Canto de bênção dos alimentos (à escolha).

Bênção dos alimentos

Catequista: A toda a hora bendirei o Senhor,
Todos: **O seu louvor estará sempre na minha boca.**

Catequista: Senhor Deus do universo, que conservais na existência todas as coisas criadas e dais generosamente aos vossos filhos o alimento necessário, nós Vos bendizemos por esta mesa fraterna na qual tomamos estes alimentos para fortalecimento do corpo e Vos pedimos que confirmeis também a nossa fé, para que busquemos acima de tudo o vosso reino e a sua justiça. Por Cristo, Nosso Senhor.
Todos: **Amém!**

Passa-se ao lanche comunitário enquanto se prepara o salão para as apresentações.

Mensagem em festa

Catequista: Com muita alegria saudamos as equipes de catequizandos que de forma criativa apresentam aspectos da vida de Jesus. Com alegria eles mostram que estão crescendo no amor e no conhecimento de Jesus.

Conforme o sorteio realizado, a equipe se apresenta e no final será saudada pela sua equipe de apoio. No final das apresentações todos se saúdam e cantam.

Os mandamentos: caminho de vida e felicidade

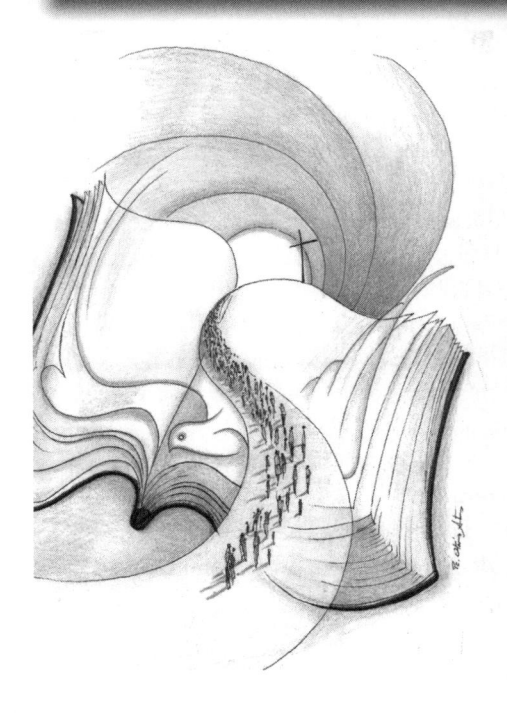

30º Encontro

Objetivo: Conhecer, amar, viver e praticar as leis que Deus nos deu para a nossa vida e felicidade.

Preparar: Setas indicativas com sinais de trânsito: pare, proibido ultrapassar, seguir em frente, curva perigosa, vire à direita, vire à esquerda...; e uma faixa com a frase: "mandamentos são indicativos que nos levam com segurança a Deus"; vela e Bíblia. Preparar um cartaz com as citações dos dez mandamentos (Ex 20,1-2.7-17 e Dt 5,6-21).

O ambiente: Bíblia, vela e uma faixa com a frase: "Mandamentos são indicativos que nos levam com segurança a Deus".

Para você, catequista: Na vida da sociedade os sinais de trânsito são leis que as pessoas elaboraram para dar segurança nas ruas. Na vida com Deus, há sinais que nós chamamos de mandamentos, que nos conduzem para o caminho da vida e felicidade. Os dez mandamentos são normas para a conduta humana. São prescrições morais resumidas em dez itens. Os mandamentos são forças libertadoras. Eles nos guiam para o caminho do bem e da felicidade. Quando temos um indicador para seguir, evitamos cometer erros que nos afastam do plano de Deus. Os dez mandamentos descrevem as exigências do amor a Deus e ao próximo. Os três primeiros se referem aos deveres da pessoa para com Deus e podem ser resumidos em "Amarás o Senhor teu Deus de todo o teu coração, de toda a tua alma e de todo o entendimento" (Mt 22,37). Os outros sete mandamentos se referem ao amor ao próximo. E foram resumidos assim: "Amarás o teu próximo como a ti mesmo" (Mc 12,31). Os dez mandamentos não visam somente a melhorar o comportamento individual, mas querem atingir a situação do povo, para torná-lo um povo livre e fraterno. São a Constituição do Povo de Deus, em vista de uma sociedade justa e igualitária. Cada mandamento quer combater uma das causas que faziam o povo sofrer na opressão do Egito. Orienta o povo a como proceder para manter-se verdadeiramente livre.

Os mandamentos são também sinais da Aliança com Deus. O livro do Êxodo, capítulo 24, relata a Aliança entre Deus e o seu povo. Antes de Deus selar a Aliança, o povo se compromete a cumprir os mandamentos. Além dos dez mandamentos conhecidos (decálogo), um mandamento antecede e introduz todos os outros: "Escuta, Israel!".

O povo de Deus é o povo da escuta e da obediência. Nessa atitude de escuta e obediência, Jesus viveu os mandamentos de seu povo e lhe deu uma dimensão mais profunda, com o cumprimento do mandamento maior: o Amor. "Eu dou a vocês um mandamento novo: amem-se uns aos outros. Assim como eu vos amei, vocês devem se amar uns aos outros" (Jo 13,34).

Recordar – O que a nossa vida está dizendo?
No local do encontro fazer um caminho da porta da sala até o local onde estão reunidos, com setas indicativas dos sinais de trânsito: pare, proibido ultrapassar, siga em frente, curva perigosa, vire à direita, vire à esquerda.

- Ao observar o caminho elaborado, qual o sinal que mais chamou a sua atenção?
- Você conhece alguém que se prejudicou por não seguir os sinais de trânsito?

Escutar – O que o texto está dizendo?
Ler Ex 20,1-2;7-17.
Canto: "Pela Palavra de Deus".

Antes da leitura, cantando, os catequizandos caminham entre as placas indicativas dos sinais de trânsito, com alguns à frente da procissão, portando a Bíblia, as velas acesas e o cartaz com a frase: "Mandamentos são indicativos que nos levam com segurança a Deus". Todos se dirigem aos seus lugares. A leitura é proclamada por um catequizando e todos acompanham em silêncio e atentos ao leitor.

- O que Deus comunicou ao seu povo?
- O que o texto diz a respeito dos mandamentos?
- Vamos encontrar juntos os dez mandamentos na passagem que acabamos de ler?

Meditar – O que o texto diz para mim?
- O que as orientações da Lei de Deus me indicam?
- Como aplicar essas orientações na minha vida?

Rezar – O que o texto me faz dizer a Deus?
Com o auxílio da Bíblia, rezar individualmente o Salmo 119(118), versículos 1-8.
Canto: "Vós sois o Caminho, a Verdade e a Vida".

Contemplar – Olhar a vida como Deus olha
Meditar sobre o caminho com indicativos nas placas de trânsito e selecionar, como verdade plena, um dos mandamentos de Deus para assumi-lo e vivenciá-lo durante esta semana.

Compromisso – O que a Palavra de Deus me leva a fazer?
Procurarei examinar minha vida para ver se estou cumprindo os mandamentos que Deus indicou ao seu povo.

31º Encontro

Os mandamentos como aliança

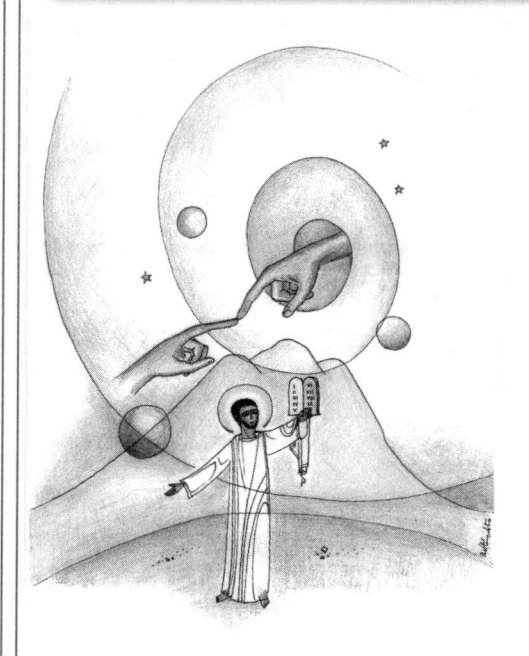

Objetivo: Compreender que, embora o homem e a mulher tenham dito não, Deus resgata o ser humano e faz Aliança com ele.

Preparar: Bíblia, vela, aliança, cartaz com desenho bem visível de uma aliança, tiras de cartolina com as palavras: aliança, união, ternura, carinho, compromisso, fidelidade, ajuda mútua, vida e amor.

O ambiente: Os catequizandos sentam-se em círculo e uma aliança passa de mão em mão. O catequista ajuda a observar a posição do grupo em círculo. O que representa o sentar-se em círculo? Apresentar o cartaz com um desenho bem visível de uma aliança. Qual o formato de uma aliança? Observar que ela não tem começo nem fim, à semelhança do amor de Deus por nós.
Organizar o grupo e distribuir as palavras já citadas. Como essas palavras manifestam o amor de Deus em minha vida? Após breve reflexão, partilhar a meditação feita.

Para você, catequista: Os mandamentos nascem de um pacto de amor entre Deus e o seu povo. Eles orientam o povo na caminhada para a libertação. Para o povo de Israel se tornar livre, não bastava sair da escravidão; era necessária uma libertação que viesse de dentro do coração, libertação de tudo aquilo que impede as pessoas de viverem em fraternidade. Por isso, os dez mandamentos seriam a garantia de que o povo nunca se esqueceria de Deus. Os mandamentos são inseparáveis da aliança que Deus fez com o povo de Israel no monte Sinai. Esse povo compreendeu bem que os mandamentos que Deus deu são totalmente fundados no amor. Eles indicam o caminho seguro e feliz para vivermos bem e em paz com Deus, com o próximo, com a natureza e com nós mesmos.
Assim os mandamentos são compreendidos como um projeto de vida saudável e feliz. Eles revelam os grandes valores da vida humana; defendem os direitos

e os deveres básicos das pessoas, dos grupos e da sociedade. Como as pessoas humanas, Jesus assumiu e viveu os mandamentos do seu povo, e como Filho de Deus, revelou ao povo o desejo de Deus Pai de tornar as pessoas libertas e felizes. Para melhor entendimento, a Igreja ordenou os mandamentos de uma forma sintetizada e compreensiva, como segue:

• **Primeiro mandamento: Amar a Deus sobre todas as coisas.** "... não terás outros deuses diante de mim" (Ex 20,3). "Não farás para ti imagem esculpida, nem figura alguma do que há em cima no céu, nem embaixo na terra, nem nas águas" (Ex 20,4). Jesus disse: "Ao Senhor teu Deus adorarás, e só a Ele servirás" (Mt 4,10). "Ninguém pode servir a dois senhores" (Lc 16,13).

• **Segundo mandamento: Não tomar seu santo nome em vão.** "Não tomarás o nome do Senhor teu Deus em vão" (Ex 20,7). Jesus disse: "...de maneira nenhuma jureis; nem pelo Céu, porque é o trono de Deus;..." (Mt 5,34).

• **Terceiro mandamento: Guardar domingos e festas de guarda.** "Lembra-te do dia do sábado, para o santificar" (Ex 20,8-10). Jesus disse: "O sábado foi feito por causa do homem, e não o homem por causa do sábado. Pelo que o Filho do homem até do sábado é Senhor" (Mc 2,27-28).

• **Quarto mandamento: Honrar pai e mãe.** "Honra a teu pai e a tua mãe" (Ex 20,12). Jesus disse: "Mais felizes são os que ouvem a Palavra de Deus e a põem em prática" (Lc 11,28).

• **Quinto mandamento: Não matar.** "Não matarás"(Ex. 20,13). Jesus disse: "...aquele que se encolerizar contra seu irmão, será réu de juízo" (Mt 5,22).

• **Sexto mandamento: Não pecar contra a castidade.** "Não adulterarás" (Ex 20,14). Fujam da imoralidade. Quem se entrega à imoralidade peca contra o seu corpo, que é templo do Espírito Santo (1Cor 6,18-19).

• **Sétimo mandamento: Não furtar.** "Não roubarás" (Ex 20,15). Jesus disse: "Façam aos outros o que querem que eles façam a vocês" (Mt 7,12).

• **Oitavo mandamento: Não levantar falso testemunho.** "Não dirás falso testemunho contra o teu próximo" (Ex 20,16). Jesus disse: "Digo-vos, pois, que de toda palavra fútil que os homens disserem, hão de dar conta no dia do juízo" (Mt 12,36).

• **Nono mandamento: Não desejar a mulher do próximo.** "Não cobice a casa do seu próximo, nem a mulher do próximo, nem o escravo, nem a escrava, nem o boi, nem o jumento, nem coisa alguma que pertença a seu próximo" (Ex 20,17). Jesus disse: "O que Deus uniu o homem não separe" (Mt 19,6).

• **Décimo mandamento: Não cobiçar as coisas alheias.** "Não cobiçe..." (Ex 20,17). Jesus disse: "Acautelai-vos e guardai-vos de toda espécie de cobiça; porque a vida do homem não consiste na abundância das coisas que possui" (Lc 12,15).

Recordar – O que a nossa vida está dizendo?
- Existem coisas ou pessoas mais importantes do que Deus?
- O que é necessário para viver bem consigo, com os outros e com Deus?

Escutar – O que o texto está dizendo?
Ler Ex 19,1-8.
Canto: "Eu vim para escutar".

A Bíblia é trazida por um catequizando, todos acompanham cantando, enquanto a Bíblia passa de mão em mão até chegar à mão de quem vai ler.

- Quem está falando no texto?
- O que o texto está dizendo?
- E o que diz a respeito da aliança?

Meditar – O que o texto diz para mim?
- O que Deus está dizendo neste texto?
- Eu aceito a aliança que Deus faz comigo?
- O que significa fazer uma aliança com Deus?
- Que "alianças" Deus continua fazendo hoje comigo?

Rezar – O que o texto me faz dizer a Deus?
Vou agradecer a Deus pela aliança que Ele faz todos os dias comigo.

Dar um tempo para que os catequizandos façam a sua oração pessoal e a partilhar no grupo.

O catequista ajuda os catequizandos a localizarem na Bíblia o Sl 66(65) e o rezam em dois coros.

Contemplar – Olhar a vida como Deus olha
Em silêncio, observar a ilustração que se encontra no início deste encontro. Depois, fechar os olhos e, enquanto ouve um fundo musical, prometer a Deus empenhar-se para cumprir os mandamentos.

Compromisso – O que a Palavra de Deus me leva a fazer?
Vou escrever no meu caderno todos os mandamentos que aprendi e indicarei o que farei para cumpri-los em minha vida.

O maior mandamento é o amor

32º Encontro

Objetivo: Perceber que o maior mandamento é o amor.

Preparar: A Bíblia em lugar de destaque, velas e faixa com a frase: "O maior mandamento é o amor".

O ambiente: Receber os catequizandos com alegria. Preparar uma mesa e colocar a Bíblia, uma vela e uma faixa com a frase: "O maior mandamento é o amor".

Para você, catequista: O mandamento do amor exige da pessoa uma atitude de bondade enraizada na ternura de Deus, que me faz amar a todos sem distinção. Quando amamos as pessoas, conforme Jesus nos ensinou, estamos amando a Deus. Amar a Deus é deixar que Deus faça Aliança conosco, isto é, procurar Deus como nossa segurança, como nosso Deus único e verdadeiro. O mandamento que Jesus definiu como fundamento de todos os outros é um programa de vida. Isso quer dizer que quem ama não tem medo do Deus todo-poderoso que castiga. Confia nele e permanece fiel, mesmo na tristeza e na dificuldade de interpretar os planos de Deus.

Pode contar com o seu amor, mesmo encontrando-se perdido como o filho pródigo. Uma pessoa que ama a Deus de todo o seu coração e com toda a sua alma e mente alcança a vida. Fortalecido com esse amor, o fiel se compromete no serviço aos outros. A abrangência desse amor exige nosso comprometimento inabalável com Deus, com nós mesmos, e com o próximo.

Recordar – O que a nossa vida está dizendo?
O catequista conta uma pequena história para os catequizandos: Uma garota chamada Maria Eduarda, apesar de pouca idade, havia crescido bastante na bondade e no amor. Igor, seu colega, é aplicado aos estudos e muito inteligente. Isso

revela que não só crescemos em tamanho. Podemos e devemos crescer sempre na bondade, inteligência e no amor.

- Você conhece alguém na família ou na comunidade que pratica a caridade e bondade?

Escutar – O que o texto está dizendo?
Ler Mc 12,28-34.
Canto: "Tua palavra é lâmpada para os meus pés, Senhor!".

Durante o canto, três catequizandos entram com a Bíblia, a vela e a frase: "O maior mandamento é o amor". No final do canto, colocam sobre a mesa o símbolo e os objetos. A leitura é feita por um catequizando e todos acompanham com atenção. Depois de alguns instantes de silêncio, todos se sentam e leem novamente o texto, acompanhando com a própria Bíblia.

- Quem está falando no texto?
- O que Jesus está dizendo?
- O que Jesus fala a respeito do amor?

Meditar – O que o texto diz para mim?
- O que Jesus está dizendo no texto e o que eu posso fazer?
- Em que situações de minha vida percebo que Deus me ama?
- Que gestos de amor e bem-querer posso revelar para com as pessoas que eu conheço?

Rezar – O que o texto me faz dizer a Deus?
Canto: "Amar como Jesus amou".

Oração:
Senhor, quando pecamos, Tu vens em nosso socorro;
quando caímos, Tu nos ajudas a levantar;
quando nos convertemos, Tu vens ao nosso encontro;
quando duvidamos, Tu nos ofereces a tua Palavra;
quando nos sentimos culpados, Tu nos tomas em teus braços e
quando morremos, Tu nos chamas à Vida.
Por tudo isso queremos te amar e amar nossos irmãos.
Isto pedimos a Ti, que reinas pelos séculos. Amém.

Contemplar – Olhar a vida como Deus olha
Vou olhar para dentro de mim e contemplar o amor que Deus me deu desde o meu nascimento.
Canto: "Onde reina o amor".

Compromisso – O que a Palavra de Deus me leva a fazer?
Com o auxílio dos meus pais, vou visitar uma criança doente e levar a minha solidariedade.

Celebração da entrega do mandamento do Amor

Observações

- No início da celebração é feita a motivação para a entrega do mandamento do Senhor. Sugere-se que aconteça antes da bênção final. A entrega do mandamento do Amor é feita de forma solene, com a presença dos pais, padrinhos, introdutores e de toda a comunidade, durante a celebração eucarística.
- Preparar uma mesa com toalha branca, sobre a qual serão colocados os pergaminhos nos quais está escrito o mandamento do Senhor: "À resposta do especialista em leis – 'Ame ao Senhor, seu Deus, com todo o seu coração, com toda a sua alma, e com toda a sua força e com toda a sua mente; e ao seu próximo como a si mesmo', Jesus lhe disse: 'Você respondeu certo. Faça isso e viverá'" (Lc 10,27-28).
- A entrega do mandamento do Amor é preparada durante a semana que antecede o rito da entrega. Catequistas e introdutores reúnem-se com os catequizandos para oração e reflexão inspiradas nos textos: Jo 15,12-17; Lc 10,27-28; Mc 12,28-31; Mt 22,37-39. Na oportunidade é realizado o ensaio dos cantos e da entrega do mandamento do Amor.

A entrega do mandamento do Amor (na bênção final)

Catequista: Queridos catequizandos, aproximem-se do altar, para receber o resumo dos mandamentos e a bênção final.

Presidente: Caros catequizandos, vocês são chamados a ouvir a comunidade proferir os mandamentos da Lei de Deus. Jesus resume os dez mandamentos em um só – o mandamento do Amor. Ele resumiu todos os mandamentos assim: "...amem o Senhor, seu Deus, com todo o seu coração, com toda a sua alma, com toda a sua força e com toda a sua mente; e ao próximo como a si mesmo" (Lc 10,26b). Esse é o mandamento do Senhor que resume toda a Lei de Deus. Quem ama realiza a Lei de forma perfeita.

O padre entrega a cada catequizando o pergaminho com o mandamento do Amor, e os catequizandos, voltados para a assembleia, abrem o pergaminho e fazem a leitura pausadamente. Depois de cada frase, a assembleia responde ou canta, solenemente "Amém!".

Catequizandos:	Diz o Senhor: "Ame ao Senhor seu Deus, com todo o seu coração, com toda a sua alma, e com todo o seu entendimento. Esse é o maior e o primeiro mandamento".
Todos:	**Amém!**
Catequizandos:	Diz o Senhor: "Ame o seu próximo como a si mesmo".
Todos:	**Amém!**
Catequizandos:	Diz o Senhor: "Eu lhes dou um novo mandamento: Amem-se uns aos outros assim como eu vos amei".
Todos:	**Amém!**

O padre pede aos catequizandos que se ajoelhem para a bênção final. De mãos estendidas, o padre e toda a comunidade invocam a bênção do Senhor.

Padre:	Ó Deus, concedei a estes catequizandos a força, a sabedoria e as virtudes divinas, para que sigam o grande mandamento de Jesus, que está no Evangelho – o mandamento do Amor. Tornem-se generosos no serviço do Reino!
Todos:	**Amém!**

Terceira etapa da Catequese Eucarística
Tempo da Quaresma

A Igreja continua a missão de Jesus

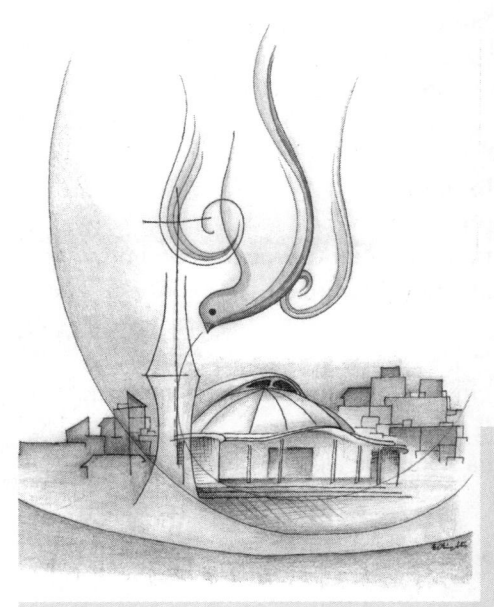

33º Encontro

Objetivo: Despertar no catequizando o compromisso de ser Igreja como seguidor de Jesus.

Preparar: Bíblia, velas, mesa e flores.

O ambiente: Bíblia, velas e flores, que são colocadas sobre uma mesa. Acolher os catequizandos e convidá-los para formarem um círculo e expressarem que serviços conseguem realizar na comunidade de fé.

Para você, catequista: Em sua caminhada de pregador itinerante pelas estradas da Galileia, da Judeia e da Samaria, Jesus foi seguido por um grupo de homens e mulheres que iam crescendo na fé, no entusiasmo e no compromisso por seus ensinamentos. Antes de subir ao céu, Jesus confiou sua missão aos apóstolos dizendo: "Ide por todo o mundo, anunciai o Evangelho a toda a criatura" (Mt 28,18-20). Os apóstolos foram fiéis a Jesus. Com a ação do Espírito Santo, descobriram que a melhor maneira de responder ao convite de Jesus era ajudar o povo a se organizar em comunidade. Por isso, a Igreja se espalhou pelo mundo sob a forma de comunidades. Comunidades pequenas, mas alegres, onde se partilhavam os bens e a vida.

Jesus confiou o cuidado da Igreja, isto é, da comunidade, a Pedro, um dos grandes líderes entre seus seguidores. O nome Pedro significa pedra ou rocha. Jesus, conhecendo Pedro, suas fraquezas, mas também sua sinceridade e liderança, fala desta maneira: "Tu és Pedro, e sobre esta pedra construirei a minha Igreja, e as forças do inferno não poderão vencê-la" (Mt 16,18). Naquela região existiam muitas pedreiras ou grutas escavadas nas rochas ou pedras, onde os pastores, que cuidavam das ovelhas, ou os viajantes, se protegiam da chuva e de diversos perigos. Neste sentido, compreendemos o significado das palavras de Jesus ao chamar Pedro de

> Pedra, pois a este caberia guardar a comunidade, protegê-la e difundir os ensinamentos do Mestre. Após Pedro vieram seus sucessores – os papas.
> A fé, a fidelidade, a perseverança e a ação profícua de Pedro geraram incontáveis seguidores. Hoje temos o papa, os bispos, os presbíteros, os diáconos, os religiosos, os ministros e todos os batizados, chamados a crescer na fé e a construir comunidades, lugar para promover a vida das pessoas. Quando ajudamos a construir uma comunidade que seja boa para todos, respondemos ao chamado que Deus fez a Pedro e que faz também a nós. No livro dos Atos dos Apóstolos temos exemplos que falam dessas comunidades.

Recordar – O que a nossa vida está dizendo?
O catequista conta a história da própria comunidade local. Como começou, quem foram as lideranças que estiveram à frente dos inícios da comunidade. Poderá até convidar alguém mais antigo da comunidade para contar aos catequizandos como tudo começou.

- Em nossa comunidade existem pessoas que continuam a transmitir os ensinamentos de Jesus?
- Você conhece alguma história bonita de alguém que soube ser misericordioso, seguidor de Jesus?

Escutar – O que o texto está dizendo?
Ler At 2,42-47.
Canto: "Esta Palavra que ouvimos".

- A respeito do que o texto fala?
- Como as comunidades viviam?
- Como era a partilha?

Meditar – O que o texto diz para mim?
- Como posso ser perseverante e cumprir os ensinamentos que recebo na catequese?
- Qual a atitude que o texto me encoraja a assumir?
- Qual a melhor forma de trazer os meus amigos e fazer a comunidade crescer?

Rezar – O que o texto me faz dizer a Deus?

Oração
>Jesus, como os primeiros cristãos,
>eu também quero ser teu seguidor,
>participar da catequese e dos grupos bíblicos de reflexão!
>Quero participar da minha comunidade
>e me sentir parte da comunidade dos teus discípulos.
>Tu és alimento dessa caminhada.
>A tua graça e a tua força me bastam. Amém!

Canto: "Quando o dia da paz renascer".

Contemplar – Olhar a vida como Deus olha
Vou me colocar em comunhão com Deus e expressar-lhe meu propósito de me transformar numa pessoa que participa da comunidade.

Compromisso – O que a Palavra de Deus me leva a fazer?
Partilharei com os meus pais o desejo de assumir um serviço na comunidade. Vou convidar meus pais para a missa de domingo da Quaresma, na comunidade.

34º Encontro

A comunidade de fé: lugar da vida e do perdão

Objetivo: Entender que um ato de perdão traz vida para a comunidade.

Preparar: Bíblia, duas velas, cruz e folhas de papel sulfite.

O ambiente: Acolher os catequizandos com alegria. Preparar uma mesa com a Bíblia, duas velas e uma cruz. Sentados em círculo, conversar sobre o ato de perdoar. Em duplas, desenhar ou escrever na folha de papel sulfite uma atitude ou atividade que represente ato de perdão. Ao concluir a atividade, expor ao grande grupo a forma elaborada para mostrar atitudes de perdão e provocar sugestões referentes ao tema. Em seguida, organizar uma exposição dos trabalhos.

Para você, catequista: Todas as vezes que perdoamos, o olhar compassivo de Deus se volta para nós. Dar e acolher o perdão significa corrigir os desvios e reconhecer as nossas faltas diante de Deus. É o esforço de consertar os danos causados pelo mal praticado. Zaqueu reconheceu os seus erros e propôs-se a mudar de vida, reparando todo o mal que cometeu: "Senhor, dou a metade dos meus bens aos pobres..." (Lc 19, 8ss). É muito importante saber que há pessoas que nos amam e têm prazer em estar com a gente. A Igreja é lugar de gente que ama, perdoa, aceita seu semelhante, reparte o pão e ouve a Palavra de Deus reunida. Era assim que viviam os primeiros cristãos (At 2,42-47; 4,32-37). Os dois pilares da vida cristã, o amor a Deus e ao próximo, eram vivenciados pelo povo de Deus. Havia perdão entre eles. Era uma comunidade onde havia festa e alegria. Em nossas comunidades, é bom cultivar o espírito da alegria e da ajuda mútua, porque somos aceitos e perdoados pelo Pai. No ambiente da comunidade, o amor e o perdão devem impedir o preconceito, a rejeição e o egoísmo.

> Onde há perdão, amor e comunhão, há alegria. A Igreja primitiva tinha amor, perdão, pão, comunhão, testemunho (missão). As pessoas eram atraídas para a Igreja pelo estilo de vida dos cristãos. É importante que em nossa vida o amor e o perdão sejam mais fortes do que o mal. A misericórdia de Deus penetra no coração de quem sabe perdoar.

Recordar – O que a nossa vida está dizendo?

O catequista convida os catequizandos a brincarem um pouco de repórter. Alguns candidatos tomam um microfone de brincadeira e fazem uma entrevista com os colegas, perguntando:

- Você conhece alguém da comunidade que já teve a atitude de pedir e dar perdão?
- No grupo de catequese existe o costume de pedir perdão?

Escutar – O que o texto está dizendo?

Ler Mt 18,21-22.
Canto à escolha.

Ao terminar o canto, o catequista proclama a leitura.

- O que o texto está dizendo?
- No texto, quais as pessoas envolvidas no diálogo?
- Qual a pergunta que o discípulo Pedro faz para Jesus?
- Quantas vezes Jesus diz que se deve perdoar?
- O que Jesus quis dizer quando respondeu da seguinte forma a Pedro: "Não lhe digo que até sete vezes, mas até setenta vezes sete".

Meditar – O que o texto diz para mim?

- Em minha história de vida, quais as faltas pelas quais devo pedir perdão?
- De acordo com o que Jesus respondeu para o discípulo, o que me impede de perdoar?

Rezar – O que o texto me faz dizer a Deus?

Depois de ouvirmos essa conversa entre Jesus e Pedro, converse com Deus. Se você pecou e quer o perdão de Deus, peça-o por meio de uma oração individual.

Momento de silêncio.

Oração

> Senhor,
> converte o meu coração!
> Sou projeto de paz que nasceu do teu amor.
> Mas esqueço demais que também sou pecador.
> Desta vez é para valer. Desta vez é para valer.
> Viverei como alguém confirmado, eleito, provado e chamado.
> Converte o meu coração, Senhor, converte o meu coração!

Rezar a oração do Pai-nosso. Ao terminar a oração, o catequista reza pausadamente três vezes com os catequizandos: "Perdoai-nos os nossos pecados, assim como nós perdoamos a quem nos ofende".

Contemplar – Olhar a vida como Deus olha
A comunidade que vive a sua fé é uma comunidade que vive no amor e na misericórdia de Deus. Diga para o grupo como você está se sentido na comunidade e na catequese.

Compromisso – O que a Palavra de Deus me leva a fazer?
Vou procurar me reconciliar com alguém que eu possa ter ofendido. Vou pedir perdão e procurar ser amigo novamente.
Lerei para os meus pais e irmãos o texto Mt 18,21-22 e perguntarei se eles conhecem outro texto bíblico que fale de perdão. Anotarei em meu caderno: livro, capítulo, versículo e o tema do texto bíblico para o próximo encontro.

O amor misericordioso de Deus

35º Encontro

Objetivo: Entender que a misericórdia de Deus acolhe nossa decisão de voltar para o melhor rumo.

Preparar: Bíblia, velas, tiras de papel, canetas, fita adesiva e uma frase: "Deus é misericórdia e perdão".

O ambiente: Os catequizandos são acolhidos com fundo musical. O catequista convida os catequizandos para formarem duplas e escreverem nas tiras de papel, previamente preparadas, uma lista de ações boas e outra de ações más. Em seguida, forma-se um painel, separando em colunas as ações boas e as más. Revendo o painel, percebemos situações que representam a fraqueza humana, o pecado. O amor misericordioso de Deus está sempre disposto a nos acolher e perdoar. Apresentar a frase: "Deus é misericórdia e perdão". Ler juntos.

Para você, catequista: Acolher a misericórdia de Deus exige compromisso. Jesus sempre perdoou quem pecou e se arrependeu. Ele não quer o pecado. A sua atitude foi sempre de misericórdia, compreensão, acolhida e convite para que as pessoas deixem as ações más e pratiquem as boas. Pelo Batismo somos perdoados de todos os pecados, também do pecado original. Mesmo assim, permanece em nós a tendência para o mal. Somos humanos, fracos, nos deixamos levar pelo egoísmo, pela preguiça; não nos esmeramos em trabalhos escolares e em casa. Necessitamos corrigir essas atitudes más e buscar a força e o perdão de Deus para fazer as ações boas. Quem quer seguir a Jesus deve saber o que está fazendo: deve mudar de vida, crer na Boa-nova e buscar o perdão de Deus. Deve estar disposto a fazer as boas ações e a rejeitar as más. Este movimento interior e pessoal de arrependimento e de mudança de vida chamamos de conversão. Para revelar a sua misericórdia, a Igreja continua a missão de Jesus de perdoar, salvar e curar por meio do sacramento da Penitência, que realiza o perdão de Deus. Para receber esse sacramento devemos dar alguns passos:

Exame de consciência – É um olhar para dentro de si, para descobrir as ações más que realizamos e as ações boas que deixamos de fazer. É confrontar a vida com os ensinamentos de Jesus contidos nas Sagradas Escrituras (cf. Lc 15,17).

Arrependimento – É sentir a vontade sincera de voltar, arrepender-se da má ação praticada; é ter vontade de mudar.

Propósito – É querer corrigir-se do erro e decidir-se a mudar de acordo com a vontade de Jesus; é decidir reparar a má ação realizada.

Confissão – Confessar em particular para o padre, ministro da Igreja, os erros que cometemos, as más ações de que fomos autores; enfim, as falhas que, contrariamente à luz de uma santa vivência cristã, praticamos em nossa vida. O sacerdote, em nome de Jesus, nos acolhe e orienta. Pronuncia então sobre nós a oração de perdão dos pecados.

Penitência – Cumprir o que o padre nos indicou para fazer. Pode ser um ato de reparação do mal praticado, ou até mesmo um agradecimento a Deus pelo perdão recebido, para indicar a gratuidade do perdão. Na Bíblia encontramos uma história que Jesus contou para nos mostrar que Deus está sempre pronto a perdoar (cf. Lc 15,11-32).

Recordar – O que a nossa vida está dizendo?
- Em nossa comunidade, você conhece alguém que realizou uma ação boa?
- Conhece alguma ação que você pessoalmente considera má?
- Você conhece alguém que se esforça para ser bom?
- Como reagimos quando somos chamados a perdoar?

Escutar – O que o texto está dizendo?
Ler Lc 15,11-32.
Canto: "Aleluia, aleluia, aleluia! Jesus vai falar".

Três catequizandos apresentam a Bíblia, a vela e a frase, enquanto todos cantam. Leitura encenada ou dialogada.

- Quais os personagens que aparecem na parábola?
- O que fez o filho mais novo?
- Qual a atitude do filho mais velho?
- Qual a atitude do pai?

Meditar – O que o texto diz para mim?
- Quais as atitudes praticadas em minha vida que se assemelham à atitude do filho mais velho?
- Quando pratico ações más, como posso buscar o perdão das minhas faltas?

Rezar – O que o texto me faz dizer a Deus?
Ao som da música, dançar para louvar e agradecer a Deus. Cinco passos à direita, com a mão direita levantada para o alto; cinco à esquerda, com a mão esquerda para o alto em atitude de louvor. Circular o corpo com as duas mãos levantadas em atitude de agradecimento.

Oração

    Querido Deus Pai, eu vos amo de todo o meu coração!
    Com a vossa graça não quero mais vos ofender,
    porque sois bom e misericordioso.
    Eu vos dou graças porque vosso Filho Jesus ofereceu a sua vida por nós
    e nos concedeu o perdão de que necessitávamos.
    Dai-nos sempre o dom de vossa misericórdia.
    Isto vos pedimos por Jesus Cristo,
    vosso Filho, na unidade do Espírito Santo.
    Amém!

Momento de silêncio.

Canto: "A ti meu Deus".

Contemplar – Olhar a vida como Deus olha
Vou sentir Deus me acolhendo e falando como um bom pai que acolhe o filho que volta arrependido para casa.

Momento de silêncio.

O catequista e todos os catequizandos ficam de pé, dois a dois, e dizem um para o outro: "(Nome), eu peço perdão a você e, por seu intermédio, a todos as pessoas que ofendi e magoei". O catequizando dá um abraço no colega.

Compromisso – O que a Palavra de Deus me leva a fazer?
Em casa, com o auxílio dos pais, após ler Lc 15,11-32, perceber, na história que Jesus contou, os cinco passos para a confissão:
1º Exame de consciência: Lc 15,17.
2º Arrependimento: Lc 15 ,18-19.
3º Propósito: Lc 15,18.
4º Confissão: Lc 15,21.
5º Perdão dos pecados: Lc 15,22-24.

Celebração do Sacramento da Reconciliação
(Tempo da Quaresma)

Observações

- Os que receberam o Batismo durante a catequese, entre os encontros 25 e 26, já tiveram seus pecados perdoados por força do Batismo, mas podem participar da celebração penitencial sem recorrer à absolvição, se assim desejarem.
- A celebração do sacramento da Reconciliação, conforme a indicação do RICA, pode acontecer fora da liturgia dominical, reunindo catequizandos, pais e padrinhos. Para favorecer a segurança e uma vivência intensa da cerimônia, a celebração do sacramento da Reconciliação é preparada com os próprios catequizandos.
- Na semana que antecede a celebração do sacramento da Reconciliação, é muito importante que os catequizandos, catequistas e pais se reúnam na igreja para um encontro de ensaio e oração, a fim de conhecer os textos próprios da cerimônia da celebração.

Proposta

Rezar, cantar e meditar, a partir da leitura de Jo 8,1-11. A celebração se inicia com um canto, assim que estiverem todos reunidos e prontos para celebrar. Cabe aos catequistas e à equipe de liturgia a preparação e a organização de todos os detalhes da celebração.

Canto: "Prova de amor maior não há" (ou outro à escolha).

1. Saudação e acolhida

Quem preside saúda os catequizandos, faz o sinal da cruz e a saudação presidencial. Como gesto de acolhida, o catequista recorda brevemente a finalidade do encontro e expressa alegria pelas maravilhas realizadas em cada catequizando, fruto da misericórdia, da graça, do perdão e da paz de Deus.

Presidente: Oremos: Senhor, por vossa misericórdia livrai-nos de todos os nossos pecados, para que, recebendo o vosso perdão, vos sirvamos com liberdade de espírito. Por Nosso Senhor Jesus Cristo, na unidade do Espírito Santo. Amém!

2. Liturgia da Palavra

Um catequista faz uma breve introdução à leitura bíblica.
Catequista: Queridos catequizandos, Jesus é a plena revelação da misericórdia de Deus. Ouçamos sua Palavra, a fim de que não nos falte a luz necessária para reconhecer as nossas faltas. Como povo fiel da escuta, vamos ouvir a Palavra de Deus.

Canto: "Teu povo".

Primeira leitura: Ef 5,1-14.

Salmo: 51(50), 3-4.16-19.

3. Aclamação ao Evangelho
Canto: "Pela Palavra de Deus".

4. Evangelho: Mt 22,34-40.

5. Homilia
A homilia destacará o amor de Deus por nós, como iluminação para o exame de consciência. É aconselhável fazer um tempo de silêncio para realizar o exame de consciência e despertar a verdadeira contrição dos pecados. Com esse propósito, o presidente auxilia os catequizandos com preces e pontos de reflexão.

Presidente: Nem sempre agimos de acordo com a vontade de Jesus, que pediu para amar a Deus Pai de todo o coração, de toda alma e de todo o entendimento e ao próximo como a nós mesmos. Muitas vezes não obedecemos a Deus nem queremos ouvir a sua voz. Somos egoístas, preguiçosos, invejosos, desobedientes, desrespeitosos e agressivos. Não cuidamos dos nossos bens pessoais nem daqueles dos outros. Tudo o que prejudica a mim e aos outros nos afasta de Deus.
Vamos pedir a misericórdia divina cantando:

Canto: "Perdoai-nos, ó Pai, as nossas ofensas".

Presidente: O que Deus faz quando nos afastamos d'Ele? Fica esperando a nossa volta para nos perdoar e acolher. Por isso eu acolho vocês em nome de Deus e da Igreja, para lhes perdoar todos os pecados.

Canto: "Eu me alegrei".

6. Oração sobre os catequizandos
Neste momento, os catequizandos se colocam diante do padre. Depois de um breve silêncio, o sacerdote convida a assembleia a rezar pelos catequizandos que vão receber pela primeira vez o sacramento da Penitência e por todos os que também confiam na misericórdia de Deus.

Presidente: Queridos catequizandos, supliquemos a Deus, nosso Pai, que acolhe de braços abertos os que se convertem.
Todos: **Senhor, atendei a nossa prece!**

Catequista: Para que saibamos manifestar ao Senhor Jesus nossa gratidão e nossa fé, roguemos ao Senhor.

Todos:	**Senhor, atendei a nossa prece!**
Catequista:	Para que procuremos sinceramente descobrir as nossas fraquezas e os nossos pecados, roguemos ao Senhor.
Todos:	**Senhor, atendei a nossa prece!**
Catequista:	Para que, no espírito de filhos de Deus, confessemos lealmente a nossa fraqueza e as nossas culpas, roguemos ao Senhor.
Todos:	**Senhor, atendei a nossa prece!**
Catequista:	Para que manifestemos diante do Senhor Jesus a dor que sentimos por causa de nossos pecados, roguemos ao Senhor.
Todos:	**Senhor, atendei a nossa prece!**
Catequista:	Para que a misericórdia de Deus nos preserve dos males presentes e futuros, roguemos ao Senhor.
Todos:	**Senhor, atendei a nossa prece!**
Catequista:	Para que aprendamos de nosso Pai do Céu a perdoar todos os pecados do próximo, roguemos ao Senhor.
Todos:	**Senhor, atendei a nossa prece!**
Presidente:	Peçamos a Deus Pai que perdoe os nossos pecados, assim como nós perdoamos uns aos outros. Rezemos o Pai-nosso.
Todos:	**Pai-nosso...**
Presidente:	Ó Deus, que quiseste socorrer a nossa fraqueza, concede-nos receber com alegria o perdão que trazes a cada um de nós. Por Cristo Nosso Senhor.
Todos:	**Amém!**

Canto: "Reveste-me Senhor".

7. Confissão individual
Os catequizandos se aproximam do padre e confessam seus pecados, rezam o ato de contrição e recebem a penitência.

8. Rito conclusivo
Depois que todos realizaram a sua confissão individual, o padre convida a assembleia para louvar a Deus, por sua misericórdia.

Canto de Ação de Graças.

Presidente:	Deus Pai vos conduza segundo o seu amor e a paciência de Cristo.
Todos:	**Amém!**
Presidente:	Que a força do sacramento da Confissão nos conduza a um novo caminho de louvor e agradecimento a Deus em todas as coisas!
Todos:	**Amém!**
Presidente:	Abençoe-vos, Deus todo-poderoso, Pai e Filho e Espírito Santo.
Todos:	**Amém!**

A Páscoa de Jesus: núcleo da nossa fé

36º Encontro

Objetivo: Perceber que a Paixão, a Morte e a ressurreição de Jesus constituem o núcleo da nossa fé.

Preparar: Bíblia, mesa, pães, bacia com água, toalha, suco de uva, crucifixo, velas, pano vermelho e círio pascal.

O ambiente: Organizar três locais e três equipes, uma para cada acontecimento do tríduo pascal. O catequista motiva cada equipe a narrar e a apresentar o fato bíblico dos textos: 1º grupo: Mc 14,17-25 ; 2º grupo: Lc 23,1-25; 3º grupo: Lc 24,1-12. Na sala do encontro, preparar três locais para que se vivencie a unidade do mistério pascal.

1º grupo: Quinta-feira Santa. Mesa com toalha branca, pão, suco de uva, bacia com água e toalha para secar os pés de um catequizando. Texto bíblico: Mc 14,17-25.
2º grupo: Sexta-feira Santa. Uma cruz coberta com pano vermelho e duas velas. Texto bíblico: Lc 23,1-25.
3º grupo: Sábado Santo. Círio pascal e flores. Texto bíblico: Lc 24,1-12.

Para você, catequista: Cristo redimiu o gênero humano e, através de seu mistério pascal, deu perfeita glória a Deus: morrendo, destruiu a morte; ressuscitando, restaurou a vida. A paixão e ressurreição de Cristo são, portanto, a culminância de todo o ano litúrgico. A celebração da Páscoa do Senhor começa com a missa vespertina da Ceia do Senhor, alcança o seu cume na Vigília Pascal e se encerra com as vésperas do Domingo de Páscoa. Cristo, quando falava da sua paixão e morte, nunca as dissociava de sua ressurreição. O Evangelho da quarta-feira da segunda semana da Quaresma (Mt 20,18-19), as situa em conjunto: "Eles o condenarão à morte, e o entregarão aos pagãos para zombarem dele, para flagelá-lo e crucificá-lo. E no terceiro dia Ele ressuscitará". Esses três dias, que começam com a missa vespertina da Quinta-feira Santa e têm seu ponto conclusivo na oração das vésperas do Domingo de Páscoa, formam uma unidade e como tal devem ser considerados.

A Páscoa cristã consiste em uma celebração de três dias, que compreende o sofrimento e as alegrias do mistério salvífico de Cristo. As diferentes fases do mistério pascal se estendem ao longo dos três dias: cada um dos três quadros ilustra uma parte da cena; juntos, formam um todo.

Cada dia é em si completo, mas deve ser visto em relação com os outros dois dias. É importante saber que tanto a Sexta-feira como o Sábado santo, oficialmente, não formam parte da Quaresma. A Quaresma começa na Quarta-feira de Cinzas e termina na Quinta-feira santa, excluindo-se a missa da Ceia (jantar) do Senhor. A Sexta-feira e o Sábado da Semana santa não são os últimos dois dias da Quaresma, mas sim os primeiros dois dias do "sagrado tríduo". A unidade do mistério pascal tem algo importante a nos ensinar. Diz-nos que a dor não somente é seguida pelo gozo, senão que já o contém em si. Jesus expressou isto de diferentes maneiras. Por exemplo, na última Ceia disse a seus apóstolos: "Eu lhes garanto: vocês vão gemer e se lamentar, enquanto o mundo vai se alegrar. Vocês ficarão angustiados, mas a angústia de vocês se transformará em alegria" (Jo 16,20). É como se a dor fosse um dos ingredientes imprescindíveis para forjar a alegria. Outras imagens vão à memória. Todo o ciclo da natureza fala de vida que sai da morte: "... se um grão de trigo não for jogado na terra e não morrer, ele continuará a ser apenas um grão. Mas, se morrer, dará muito trigo" (Jo 12,24). A ressurreição é nossa Páscoa; é um passo da morte à vida, da escuridão à luz, do jejum à festa. O sofrimento não é bom em si mesmo; portanto, não devemos buscá-lo como tal. A postura cristã referente a ele é positiva e realista. Na vida de Cristo, e sobretudo na sua cruz, vemos o seu valor redentor. O crucifixo não deve reduzir-se a uma dolorosa lembrança do muito que Jesus sofreu por nós. É um símbolo que está transfigurado pela glória da ressurreição, pois a entrega de Jesus está marcada pelo amor (cf. 1Jo 3,14). O caminho cristão é o caminho iluminado pelos ensinamentos e exemplos de Jesus. É o caminho da cruz, que é também o da ressurreição; é oferecer-se com Cristo; é vida que brota da morte. O mistério pascal que celebramos nos dias do sagrado tríduo é a pauta e o programa que devemos seguir em nossas vidas. A Páscoa é celebrada na Santa Missa, na qual Jesus se torna presente.

Recordar – O que a nossa vida está dizendo
- Em nossa comunidade, o que acontece na Semana santa dentro do tríduo pascal?
- O que celebramos na Semana santa?
- Como a nossa comunidade celebra a Semana santa?

Dirigir-se para o local da Quinta-feira santa, formar um círculo, enquanto cantam.

Canto: "Eu vos dou um novo mandamento".

O 1º grupo lê o texto e apresenta o lava-pés. Em seguida, o catequista convida os catequizandos para tocarem a água com a mão. Espontaneamente, cada um expressa algum desejo a Deus. Por exemplo: "Quero seguir o mandamento de Jesus, respeitando meus colegas na escola". Faz-se a partilha do pão e do suco.

Canto: "Eu vos dou um novo mandamento".

Todos se dirigem para o local da Sexta-feira Santa, preparado pelo 2º grupo.

Canto: "A morrer crucificado".

O 2º grupo apresenta a cruz ladeada por duas velas. O catequista explica o sentido da Sexta-feira santa, especialmente o gesto da adoração da cruz. Acrescenta em sua explicação que os cristãos não adoram imagens, mas somente a Deus. A palavra adorar (Ad – oris = pela boca, beijo) sugere um gesto de respeito e de veneração para com a cruz do Senhor, a quem adoramos verdadeiramente. O beijo é comunicação do Espírito Santo. Ao beijar a cruz, expressamos o nosso desejo de receber o mesmo Espírito de oferenda e de entrega que levou o Cristo até a Cruz.

Canto: "Prova de amor maior não há".

O 2º grupo apresenta a cruz coberta, entre duas velas acesas, uma de cada lado, primeiramente descobre-se a parte de cima e diz-se: "Eis o lenho da cruz!". Prossegue-se com o ato de descobrir a cruz até que esta fique toda descoberta. Em seguida, fazer um ato penitencial, cantando.

Canto: "Senhor, tende piedade, perdoai as nossas culpas".

Todos se aproximam e, diante da cruz, também de modo espontâneo, expressam a renúncia ao pecado. Exemplo: Eu renuncio à preguiça.
Depois, fazer um ato de adoração, beijando a cruz. Ao final, todos rezam o Pai-nosso.

Todos se dirigem para o local do Sábado santo preparado pelo 3º grupo.

Canto: "Ó luz do Senhor".

Colocando a mão no círio pascal, alguns podem fazer seus compromissos de fé. Por exemplo: "Eu creio que a ressurreição de Jesus me ajuda a vencer o pecado e tudo o que me afasta d'Ele". Todos rezam o Credo.

Canto: "Creio, Senhor, mas aumentai a minha fé".

Encerra-se com a bênção.

Quarta etapa
da Catequese Eucarística
Tempo Pascal

37º Encontro

A Eucaristia: alimento para a vida e a missão

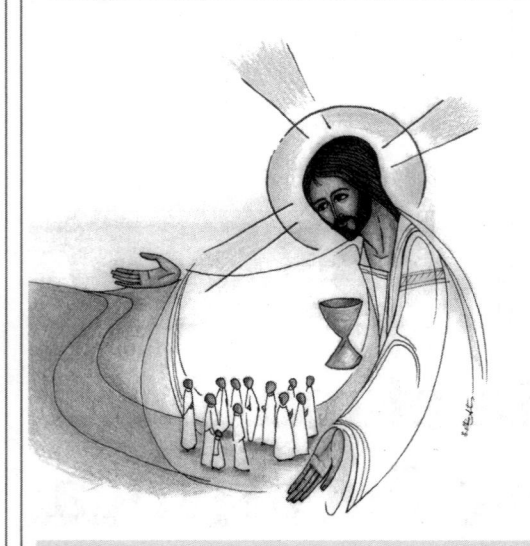

Objetivo: Perceber que a Eucaristia é alimento e fonte para a vida cristã.

Preparar: Bíblia, mesa com toalha, vela, um pão e um copo de vinho.

O ambiente: Em duplas, os catequizandos são estimulados a partilhar as experiências até agora vividas nos encontros e celebrações da catequese, com destaque para a Celebração Eucarística. Em seguida, as reflexões devem ser partilhadas no grande grupo.

Para você, catequista: A Eucaristia é ação de graças. Ação de graças por tudo o que Deus fez de bom, de belo e de justo na criação e na humanidade. A Eucaristia é ação de graças ao Pai, a maneira pela qual a Igreja exprime o seu reconhecimento a Deus por todos os benefícios d'Ele recebidos, por tudo o que Ele realizou por meio da criação, da redenção e da santificação. Eucaristia significa, portanto, ação de graças. Faz crescer a união com o Deus Trino e a comunhão fraterna. A comunhão fraterna está intimamente ligada à comunhão eucarística. O amor fraterno se manifesta no bem-querer, na compreensão pelas falhas e fraquezas dos outros. Significa amar a todos indistintamente. Com o sacrifício de Jesus realiza-se a nova e a eterna aliança de Deus com a humanidade. Jesus Cristo se fez alimento que não se acaba; é a própria vida de Jesus que se oferece como o Pão da Vida como força para nossa missão. O pão e o vinho são símbolos da vida que representam todos os alimentos necessários para continuarmos vivendo. Jesus disse: "Eu sou o pão vivo que desceu do céu. Quem come deste pão viverá para sempre" (Jo 6,51). E o pão que eu vou dar é minha própria carne, para que o mundo tenha vida" (Jo 6,35). Os sinais do pão e do vinho simbolizam a vida inteira de Jesus doada e entregue pela salvação do mundo. Participar da Eucaristia é assumir as motivações mais profundas de Jesus, é entrar no coração da sua entrega a Deus Pai pela redenção da humanidade. A Ceia é a experiência mais íntima que temos com Jesus Cristo e, por Ele, com Deus Pai. No centro da celebração aclamamos: "Anunciamos, Senhor, a vossa morte e proclamamos a vossa ressurreição. Vinde, Senhor Jesus!". Quem anuncia é quem celebra: todo o povo de Deus. O anúncio da morte e ressurreição de Jesus é o sentido verdadeiro e único do Mistério da fé. Participar da missa é fazer esse anúncio com a própria vida e com a celebração. Essa aclamação, feita de pé, nos recorda que com Cristo "experimentamos muitas mortes", mas escapamos de todas pela ressurreição de Jesus. Estar de pé é sinal da ressurreição. A aclamação nos situa dentro do mistério do próprio Jesus vencedor. Assim, a Eucaristia celebra a morte e ressurreição de Jesus. Celebrar a ressurreição de Jesus é celebrar a vida. Jesus veio para trazer a vida nova da graça conquistada por sua morte e garantida por sua ressurreição. Essa nossa vida em Jesus Cristo é alimentada pela Eucaristia.

Recordar – O que a nossa vida está dizendo?
- Como foi a celebração na qual recebemos a Eucaristia pela primeira vez?
- Que momento da celebração mais o ajudou num encontro profundo com Jesus?

Escutar – O que o texto está dizendo?
Ler Jo 6,56-58.
Canto: "Tua Palavra".
A leitura é proclamada pelo catequista e todos acompanham em sua Bíblia.

- O que Jesus disse no texto?
- O que vai acontecer com quem recebe Jesus como alimento?

Meditar – O que o texto diz para mim?
- O que acontece quando a Eucaristia se torna fonte, alimento para a minha vida.
- Participar da Eucaristia é viver como ressuscitado. Já vivo como uma pessoa ressuscitada?

Rezar – O que o texto me faz dizer a Deus?
Agradecer a Deus por se entregar a mim como alimento e me fazer participar da vida d'Ele.
Mediante uma palavra inspiradora do texto bíblico, fazer uma prece.

Canto: "Dentro de mim existe uma luz".

Contemplar – Olhar a vida como Deus olha

O catequista repete três vezes em tom alternativo, para que ressoe no coração dos catequizandos: "Eu sou o pão vivo que desceu do céu. Quem come deste pão viverá para sempre" (Jo 6,51).

Compromisso – O que a Palavra de Deus me leva a fazer?

O catequizando vai escrever três palavras inspiradas pelo texto que o fortalecem na vida cristã. Essas palavras vão levá-lo a tomar três atitudes para serem vivenciadas nesta semana e que o aproximarão ainda mais de Jesus.

O Batismo: fonte de vocação e missão

38º Encontro

Objetivo: Estimular os catequizandos a assumirem o Batismo como Vida Nova pessoal e comunitária.

Preparar: Bíblia, mesa, bacia, água, óleo, círio pascal, cruz, veste branca e figura de um batizado, com a frase: "Batismo, fonte de vida e missão".

Ambiente: Receber os catequizandos com alegria, pronunciando o nome de cada um. Distribuir para seis catequizandos uma palavra para cada um: Palavra, Cruz, Água, Óleo, Luz, Veste branca. No decorrer do encontro, esses catequizandos se aproximam e apresentam para toda a turma a palavra e o símbolo correspondente, enquanto o catequista faz a reflexão e interage com o grupo. Colocar em lugar de destaque a figura de um batizado, com a frase: "Batismo, fonte de vida e missão".

Para você, catequista: Batismo significa mergulho. O mergulho na água simboliza o sepultamento na morte de Cristo, da qual o batizado ressuscita com Ele como "nova criatura" (Gl 6,15). O Batismo é o ponto de partida da vida cristã. O cristão recebe a plenitude da vida em Cristo quando vive a fé e se engaja numa comunidade cristã, participando de sua vida e missão. No momento em que somos batizados, passamos a pertencer à comunidade cristã, que é a Igreja. O Batismo é o primeiro dos sacramentos. Convida-nos a viver de acordo com os ensinamentos de Jesus, que se encontram na Palavra de Deus, nos Evangelhos. O Batismo é um novo nascimento. Pelo Batismo, como somos filhos de Deus, passamos a pertencer àquela comunidade. Quem recebe a água no Batismo, está nascendo de novo. Nascer de novo significa ser pessoa nova.

O Batismo só tem sentido quando, por ele, comprometemo-nos plenamente com Deus, com a Igreja e com o mundo. A vida nova que o cristão recebe no Batismo ajuda a construir um mundo mais novo, mais justo e mais humano. Para isso se faz necessário renascer a cada dia para a vida com Deus. Isso também nós encontramos no Evangelho de Jo 3,1-8.
A seguir, vamos conhecer alguns símbolos usados no Batismo.

Palavra: Toda a celebração batismal é acompanhada pela Palavra de Deus. No momento principal do Batismo, repetem-se as palavras de Jesus Cristo: "Eu te batizo em nome do Pai, do Filho e do Espírito Santo".

Cruz: A cruz é o símbolo de todos os cristãos. Jesus, obediente a Deus Pai, aceitou a morte, e morte de cruz, para salvar a cada um de nós. Mas Jesus ressuscitou por seu próprio poder. Do alto da cruz Jesus derramou o Espírito Santo sobre a humanidade. É por isso que algumas pias batismais trazem a cruz inscrita no fundo, para simbolizar a morte com Cristo.

Água: A água recebida no Batismo é sinal de vida nova. Indispensável para a nossa sobrevivência, a água gera vida, mas também, como força da natureza, pode ser instrumento de destruição. No Batismo, a água é usada para simbolizar duas realidades: morte e vida. A água é um símbolo importante no Batismo.

Óleo: O óleo sempre foi usado para fortalecer os músculos e torná-los flexíveis, ágeis. No Batismo o óleo simboliza a luta contra o erro, a corrupção, a maldade, o crime e o pecado. Significa a disponibilidade total do corpo e do espírito para fazer repercutir a Palavra e o exemplo do Divino Mestre Jesus, que foi ungido pela força do alto, o Espírito de Deus, para fazer o bem (cf. At 10,38).

Luz: Em todos os tempos, a luz sempre teve a mesma finalidade: iluminar, tirar as pessoas da escuridão, indicar o caminho. A vela acesa no Batismo significa que o cristão recebe a luz de Cristo, luz do mundo (cf. Mt 5,13-16). A luz de Cristo ilumina por dentro, diferentemente da luz elétrica. Na antiguidade, o Batismo era chamado de iluminação, pois por meio dele fomos transportados do reino das trevas para o reino da luz (cf. 1Pd 2,9; Cl 1,12-13).

Veste branca: A veste branca significa estar revestido de Jesus Cristo, vida nova, desafio de lutar para tornar o mundo mais humano e cristão. A veste branca simboliza que a pessoa batizada "vestiu-se de Cristo"(cf. Gl 3,27) e que ressuscitou com Ele.

Recordar – O que a nossa vida está dizendo?
- Quem realiza o Batismo em nossa comunidade?
- Que símbolos são usados na celebração do Batismo?
- Qual o significado das palavras: água, cruz, óleo, círio pascal, veste branca?

Escutar – O que texto está dizendo?
Ler Jo 3,1-8.
Canto: "Reveste-me Senhor".

- Quem foi falar com Jesus e quando?
- O que Nicodemos perguntou a Jesus?
- O que Jesus respondeu?

Meditar – O que o texto diz para mim?
Como posso viver meu Batismo?

Rezar – O que o texto me faz dizer a Deus?
Os catequizandos são convidados a permanecerem ao redor da mesa onde estão os símbolos usados no Batismo. Com a mão esquerda no ombro do colega e a mão direita aberta, vão repetindo a oração com o catequista:

Oração
  Querido Deus!
  Agradeço a água, sinal da vida nova que cresce em mim.
  Que o óleo seja em mim a força que vem de Cristo,
  dando conforto, alívio e força para a luta a favor do bem e contra o mal.
  O óleo me prepara para lutar por um mundo cristão
  e digno para toda pessoa humana.
  A veste branca me recorda que estou revestido de ti, Senhor!
  e também simboliza dignidade dos filhos e filhas de Deus.
  Quero que a luz me lembre sempre da minha fé como sinal da presença de Jesus, a grande luz do mundo, iluminando e irradiando a paz, o amor e o bem.
  Quero testemunhar pela minha vida e ação o teu grande amor. Amém!

Canto: "Eu te peço desta água que tu tens".

Contemplar – Olhar a vida como Deus olha
Vou colocar-me nas mãos de Deus e dizer que eu quero nascer de novo em Deus, pelo seu Espírito.

Compromisso – O que a Palavra de Deus me leva a fazer?
Com a ajuda de seus pais, os catequizandos devem fazer uma pesquisa na comunidade, à procura de pessoas que necessitam preparar-se para receber o Batismo.

39º Encontro

Enquanto aguardo ser crismado

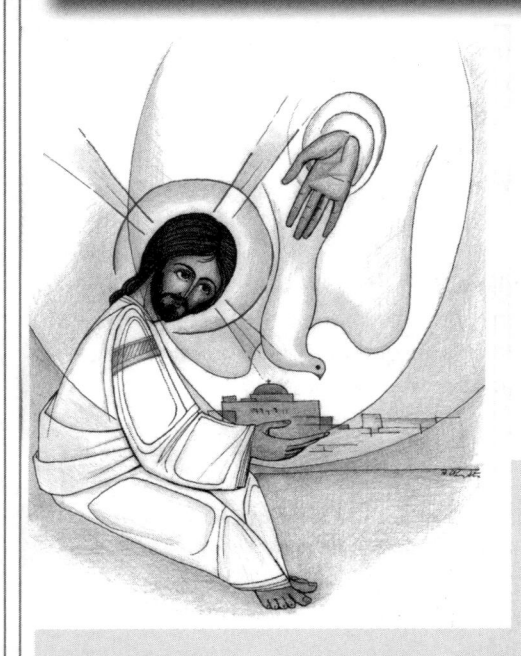

Objetivo: Despertar interesse para uma boa preparação para receber a Crisma.

Preparar: Bíblia, um pano vermelho, vela e mesa com toalha branca.

O ambiente: Receber os catequizandos com música inspirada no Espírito Santo. Colocar sobre a mesa uma grande vela acesa envolvida com um pano vermelho.

Para você, catequista: Todas as pessoas gostam de festa. Ela proporciona alegria e expectativa. Há pessoas que se preparam com muita alegria para festas, celebrações e comemorações. Quando se celebram datas, acontecimentos, e, em especial, quando alguém recebe os sacramentos, que é a manifestação da predileção e do amor de Deus, é importante preparar bem o coração. A festa marca a vida da pessoa quando esta se prepara bem e prepara também a festa. O Batismo que recebemos é um grande dom do amor de Deus, que nos fez mergulhar na vida de Jesus. A preparação que agora vivemos é um acontecimento muito importante em nossa vida, digno de uma grande festa. Um dia vamos receber o sacramento do Crisma. É o sacramento da maturidade cristã (cf. At 8,15-17), que nos torna capazes de assumir a missão de Jesus na Igreja e no mundo (cf. Lc 4,16-20). Jesus prometeu enviar o Espírito Santo para nos fortalecer nessa missão. Ele mesmo disse: "Vou enviar a vocês o Espírito Santo" (Jo 15,26-27).

Recordar – O que a nossa vida está dizendo?
- Em nossa comunidade, alguém está aguardando alguma festa?
- Vocês já ouviram falar sobre alguém que ficou na expectativa para um momento importante?

- Existe alguma festa ou celebração que você está aguardando com muita expectativa?
- O que é importante para que uma festa seja bem celebrada e sempre lembrada?

Escutar – O que texto está dizendo?
Ler Jo 15,26-27.
Canto: "Vem, Espírito Santo, vem, vem iluminar".

Após o canto, um catequizando proclama o texto

- Quem está falando com os discípulos?
- Sobre o que Jesus está falando com os seus discípulos?
- De onde vem o Espírito Santo?

Meditar – O que o texto diz para mim?
- Como posso dar testemunho de Jesus?
- O que devo fazer para uma boa preparação para receber o Espírito Santo em minha vida?

Rezar – O que o texto me faz dizer a Deus?

Oração

Deus Espírito Santo!
Estamos felizes pela preparação para receber os teus dons.
Necessitamos de tua força e tua luz, para bem nos preparar.
Pedimos-te isso por Jesus, que contigo e o Pai vivem para sempre.
Amém!

Contemplar – Olhar a vida como Deus olha
Vou invocar o Espírito Santo para receber os dons da sabedoria e do entendimento.

Compromisso – O que a Palavra de Deus me leva a fazer?
Pesquisar com os pais como eles se prepararam e assumiram o sacramento da Crisma.

40º Encontro

Ritos iniciais e ritos finais da Eucaristia

Objetivo: Refletir sobre o sentido dos ritos iniciais e finais da celebração da Eucaristia.

Preparar: Bíblia, velas, flores e frases escritas com as expressões: "Bendito seja Deus que nos reúne", "Nós te damos graças, ó Senhor", "É justo te louvar e agradecer, ó Senhor", "Glorificai a Deus com vossas vidas".

O ambiente: Receber os catequizandos, em clima de festa.

Para você, catequista: Quando nos reunimos para celebrar, não o fazemos por nós mesmos, mas pelo Espírito de Deus, que nos ajuda a responder "sim" à convocação de Deus Pai. É o Espírito do Senhor que nos move e nos conduz à celebração. Isso modifica o nosso jeito de pensar a Eucaristia e as celebrações da comunidade: Eucaristia é ritual de dar graças ao Pai, com Cristo. Assim, todo o rito celebrativo da missa é eucarístico, de ação de graças. Não é algo que realizamos por vontade própria. É o próprio Deus quem nos abre os ouvidos para ouvir a sua Palavra, quem nos reúne em torno do altar para partir o pão para nós. A convocação nos qualifica para o culto divino e expressa uma verdade de fé: é Deus quem toma a iniciativa na relação de Aliança. Os ritos iniciais são expressões simbólicas dessa realidade que podemos chamar de convocação: "Bendito seja Deus que nos reuniu no amor de Cristo". Por meio de cantos, procissões e orações, vivemos uma profunda realidade: nós somos o povo de Deus.
Ao final da celebração, tendo já ouvido a Palavra do Senhor e comungado em seu Corpo e Sangue, recebemos a bênção de Deus e somos enviados

em missão para expandir para o mundo o que experimentamos ao celebrar: a vida nova em Cristo ressuscitado. É Cristo mesmo quem nos envia para continuar em nós e por meio de nós a sua obra de salvação. No mundo seremos a sua luz, a sua presença, a sua mão estendida e o seu olhar atento para todos aqueles que necessitam de vida. Os ritos finais nos qualificam para a missão: "Glorificai a Deus com vossas vidas! Ide em paz e o Senhor vos acompanhe!".

Esses dois movimentos – reunião e dispersão – são importantes para se compreender a Igreja: Deus nos escolhe e nos reúne, mas ao mesmo tempo nos envia em missão. Ele nos reúne na celebração e nos envia para os trabalhos da semana e para as atividades da comunidade. Não obstante a liturgia seja fundamentalmente ação de Cristo e de seu Espírito, Deus conta com a nossa colaboração e a nossa boa vontade. Ele não nos obriga, mas respeita a nossa liberdade de dizer-lhe sim ou não. Como Pai amoroso Ele nos espera, ajuda e respeita.

Recordar – O que a nossa vida está dizendo?
O catequista convida os catequizandos para formar quatro grupos. Entrega a cada equipe uma frase para que eles percebam a mensagem que ela contém. No grande grupo, faz-se a partilha da reflexão. Em seguida, mediante as colocações dos catequizandos, o catequista aprofunda o conteúdo.

- Como você se sente ao ser convidado para participar de uma festa, de um grupo, ou de um time?
- O que você mais recorda da Eucaristia que recebeu pela primeira vez?
- E o que você recorda do início e do final da missa?

Escutar – O que o texto está dizendo?
Ler Lc 24,13-35.
Canto: "Estas palavras que ouvimos".

- O que o texto que lemos conta?

O catequista ajuda o grupo a recontar o acontecimento narrado no texto, levando os catequizandos a perceberem o início do encontro (cf. Lc 24,13-24); a Palavra: (cf. Lc 24,27); a liturgia eucarística (cf. Lc 24,28-31) e a missão (cf. Lc 24,32-35).

Meditar – O que o texto está nos dizendo?
- Quando eu me encontro a caminho para celebrar a Eucaristia?
- Em que momento da Eucaristia Jesus me fala?
- O que vou fazer para que eu perceba na Eucaristia a presença de Cristo Ressuscitado?
- Como vou testemunhar Cristo vivo em minha comunidade?

Rezar – O que o texto me faz dizer a Deus?

Canto: "Dentro de mim existe uma luz".

Contemplar – Olhar a vida com os olhos de Deus
Momento de silêncio para refletir sobre o significado profundo do convite, para estar com Jesus e por Ele sermos enviados. Compartilhar com o grupo a reflexão feita.

Compromisso – O que a Palavra de Deus nos leva a fazer?
Procurarei valorizar o momento de chegada à missa me empenhando para não me atrasar, e permanecer atento até a bênção final.
Vou conversar com os meus pais a respeito dos ritos iniciais e finais da missa.

A celebração da Eucaristia passo a passo

Objetivo: Ajudar os catequizandos a compreender a sequência da celebração eucarística como memorial da Páscoa do Senhor.

Preparar: Bíblia, missal, velas, mesa, palavras e tiras de papel com apelos relativos aos momentos da celebração eucarística.

O ambiente: Receber os catequizandos em clima de alegria. Formar um círculo ao redor de uma mesa sobre a qual há tiras de papel com frases e/ou palavras referentes aos momentos da liturgia eucarística: cantar alegres, saudar, sinal da cruz, perdão de nossas culpas, louvar a Deus, ouvir Deus que nos fala, fazer nossos pedidos, colocar sobre o altar toda a nossa vida para ser consagrada, recordar o momento em que Jesus deu a sua vida por nós, a oração que Jesus nos ensinou, pedir três vezes que Deus tire o pecado do mundo, partilhar a paz com os irmãos, comungar o corpo e sangue de Cristo, receber a bênção de Deus, somos enviados em missão, o Senhor vos acompanhe.

Para você, catequista: A Eucaristia nos alimenta e fortalece com o sacrifício de Cristo. Nela adoramos ao Pai pela ressurreição de Jesus e pelo Espírito Santo, em clima de ceia, de gratidão e confiança. A Eucaristia que celebramos hoje corresponde às ações fundamentais de Jesus: Ele tomou o pão e o cálice, deu graças, partiu o pão e distribuiu o pão e o vinho aos discípulos. Na Eucaristia celebramos a aliança selada no sangue de Jesus e na sua oferenda voluntária pela causa do Reino.

Conhecendo mais a missa, parte por parte
Como você se sente quando participa de uma festa e não compreende sua se-
-quência e todos os seus passos?
Vamos lembrar parte por parte da liturgia eucarística, para melhor conhecê-la e amá-la.
Cada catequizando recebe uma das frases ou palavras, para que apresente ao
grande grupo no momento oportuno.

Entrada: Cantamos alegres porque estamos reunidos na casa do Deus, nosso Pai
Canto: Em nome do Pai...
Ato penitencial: É o momento de cantar a misericórdia de Deus e reconhecer que
somos pequenos diante do mistério que iremos celebrar.
Rezar: Senhor, tende piedade de nós!
Glória: Glorificamos a Deus, cantando com alegria o seu louvor.
Canto: "Glória".
Palavra de Deus: Continuando o nosso diálogo com Deus, vamos ouvir o que Ele
tem a nos dizer nas leituras e salmo contidos na Bíblia. Pela homilia a Palavra de
Deus iluminará nossas vidas.
Credo: Rezamos o Credo, reafirmando a nossa fé na Palavra que acabamos de ouvir.
Oração dos fiéis: Como batizados, elevamos a Deus nossas preces pedindo e inter-
cedendo pelas necessidades do mundo, do nosso país, de nossa cidade e da Igreja.
Apresentação das oferendas: Em louvor, depositamos no altar as oferendas do pão e
do vinho que irão se transformar no Pão da Vida e no cálice da salvação.
Oração eucarística: É a grande oração de agradecimento ao Pai, pela Páscoa de
Jesus. Durante esta oração lembraremos a Deus os motivos do nosso louvor, recorda-
remos as palavras de Jesus na Última Ceia e ofereceremos a nossa vida junto com a
do próprio Jesus.

Oração

      Sim, ó Pai, vós sois muito bom!
      Amais a todos nós e fazeis por nós coisas maravilhosas.
      Vós sempre pensais em todos e quereis ficar perto de nós.
      Mandastes o vosso Filho querido para viver no meio de nós.
      Jesus veio para nos salvar.
      Curou doentes, perdoou os pecadores.
      Mostrou a todos o vosso amor, ó Pai!
      Acolheu e abençoou a todos.
      Nós vos louvamos, por Jesus, vosso Filho,
      na unidade do Espírito Santo. Amém

Pai-nosso: Preparando-nos para receber o Corpo e o Sangue de Cristo recordamos a oração que o póprio Jesus nos ensinou:
Rezar: Pai nosso....
Rito da paz: Desejamos o maior dom da Páscoa de Jesus, a paz! Essa paz nós a transmitimos a todas as pessoas. Todos se abraçam e se desejam a paz.
Cordeiro de Deus: Com este canto acompanhamos o gesto do partir o pão que o próprio Jesus fez na Última Ceia e que agora recordamos.

Rezar
Cordeiro de Deus, que tirais o pecado do mundo!
Tende piedade de nós!
Cordeiro de Deus, que tirais o pecado do mundo!
Tende piedade de nós!
Cordeiro de Deus, que tirais o pecado do mundo!
Dai-nos a paz!

Comunhão – Chegou o momento de participarmos da Ceia. Jesus mesmo preparou para nós este momento e nos convida a nos aproximarmos e recebermos seu Corpo e Sangue para que possamos transformar a nossa vida e torná-la mais parecida com a d'Ele.

Canto: "Salmo 22 – Bom-Pastor".

Bênção – Receber a bênção de Deus, somos enviados em missão, o Senhor nos acompanha.

Para o próximo encontro
Escolher uma das leituras e fazer a Leitura Orante, individualmente ou com a família: Jo 6,5-13 ou Lc 24,28-31 ou Mt 14,13-21.

42º Encontro

A Ascensão do Senhor

Objetivo: Compreender o sentido da Ascensão do Senhor e a sua importância para a vida da Igreja.

Preparar: Bíblia, velas, flores, fotos, uma figura da Ascensão de Jesus.

O ambiente: Acolher os catequizandos com alegria e um fundo musical que os leve a meditar sobre a ascensão de Jesus, que venceu a morte e subiu triunfante ao céu. Todos se acomodam em seus lugares.

Para você, catequista: Revestido de poder divino, coberto de glória, Jesus manifesta-se pela última vez aos discípulos, confiando-lhes a missão de levar a Boa-nova a todos os povos. Não é possível separar os vários aspectos do Mistério Pascal de Jesus. Isto é: paixão, morte, ressurreição, ascensão e envio do Espírito Santo só podem ser compreendidos se unidos entre si. Um aspecto brota do outro e um leva ao outro. O encontro de hoje, embora tenha o seu enfoque na Ascensão de Jesus, está conectado com os encontros anteriores e serve de preparação para o retiro e a celebração de Pentecostes. A Ascensão, segundo o mundo bíblico, tem a ver com o envolvimento total pela vida de Deus, sendo ao mesmo tempo uma maneira de mostrar que a existência na terra dos acolhidos por Deus no céu foi agradável ao Senhor. Quando celebramos a Ascensão do Senhor, olhamos para o passado – vida de Jesus entre os seus – e a enxergamos como realização da maior e melhor obra de Deus. Em decorrência dessa meditação, olhamos para o futuro com esperança de que os discípulos e discípulas participem da alegria plena de Jesus, que venceu a morte. Assim, o presente, o aqui e o agora, ganha beleza, pois

> a gente sabe que algo de bom há de vir. A partir daí nota-se um aspecto importante que a Ascensão revela a respeito do Mistério de Cristo.
> Jesus é Caminho para que a humanidade, de fato, esteja "no seio da Trindade", ao lado do Pai, pela força do Espírito Santo.

Recordar – O que a nossa vida está dizendo?
Três dentre os catequizandos – um portando a Bíblia; outro, uma vela acesa; e o terceiro, uma figura da Ascensão do Senhor – entram em procissão. Com música sacra triunfante, se possível, e com aclamação por palmas, todos recebem o cortejo. Chegada a procissão, todos sentam-se e inicia-se a conversa:

- Vocês conhecem algum colega de escola ou outra pessoa que subiu na vida por empenho próprio?
- Você conhece pessoas que estão "satisfeitas" com a situação em que se encontram?
- Você conhece pessoas que sempre estão em busca de ser "melhores" como seres humanos, aprendendo dia após dia a arte da convivência?

O catequista apresenta os recortes (cartazes, fotos) preparados e conta a história de alguns deles.

Escutar – O que o texto está dizendo?
Ler Cl 3,1-4.
Canto: "Esta palavra que ouvimos".

- O que nos conta o texto?
- Qual o assunto principal?
- Reler o texto.

Meditar – O que o texto diz para mim?
Prestar atenção aos seguintes detalhes:
a) a vida da gente está escondida em Cristo;
b) quando eu vivo a minha vida em Cristo, eu revelo Cristo em mim pelas minhas atitudes cristãs;
c) nós somos ressuscitados com Cristo.

- O que significa para nós "ter a vida escondida em Cristo" e "seremos manifestados n'Ele"?

- Como entendo a minha participação na ressurreição de Cristo?
- A ressurreição não é só para quem já "morreu"?

Rezar – O que o texto me faz dizer a Deus?
Os catequizandos com o catequista podem entoar juntos um hino de louvor que cante a glória de Deus. Pode-se fazer um círculo ao redor da Bíblia, enquanto todos cantam.

Contemplar – Olhar a vida como Deus olha
Vou concentrar-me e imaginar em qual momento de minha vida consegui superar alguma dificuldade e chegar a um estágio de vitória.

Cada um escolhe uma das gravuras das personalidades que mais chamou a sua atenção e com a qual mais se identificou. Procurar refletir sobre em que essa pessoa se parece com Jesus e deixa os valores do Evangelho transparecerem.

Compromisso – O que a Palavra de Deus nos leva a fazer?
Todas as noites, ao repousar, vou recordar as atitudes boas que pratiquei e dizer: "Obrigado, Deus, pelas minhas ressurreições".
Dialogando com os meus pais, procurarei saber em que momentos eles se sentiram vitoriosos pela superação de obstáculos e consequente ascensão a um estágio superior de vida.

O retiro é uma experiência espiritual

43º Encontro

Objetivo: Promover jornadas de oração e reflexão, para o aprofundamento do processo de Iniciação à Vida Cristã.

O que é um retiro? Todos nós necessitamos de momentos de paz e de recolhimento. Se bem aprofundados e interiorizados, eles renovam as energias vitais de que necessitamos cotidianamente, tanto no plano físico como no espiritual. Nesse sentido, um retiro – isolamento, descanso para a vida, tranquilidade e busca de paz, no silêncio – é uma alternativa muito apropriada, um encontro renovador e significativo para a vida, que conduz não só para o silêncio da mente como também para o da língua.

Propostas para reflexão neste retiro
- Aprofundar os sacramentos da Iniciação à Vida Cristã – Batismo, Eucaristia e Crisma.
- Encenar as passagens bíblicas em que Jesus perdoou e ensinou a perdoar: Lc 15,1-7; Lc 15,11-32; Lc 19,1-10; Mt 18,21-22.
- Celebrar a memória de pessoas como nós, que se destacaram na fidelidade ao Deus Trino e ao próximo – os santos e as santas.
- Celebrar Maria, Mãe de Deus e nossa.
- Leitura Orante da Bíblia.
- Gincanas bíblicas.

Orientações
O retiro deve ser preparado com antecedência e com empenho.
A comunidade, alvo e beneficiária dos encontros desta catequese, deve empenhar-se para convidar um casal a fim de acompanhar o retiro; jovens para animar com músicas; um padre para visitar os catequizandos em retiro; e, onde for possível, um psicólogo que ajude com um momento de relaxamento e orientações eventualmente necessárias.

Celebração da Vigília de Pentecostes

Preparar: O ambiente para a celebração da vigília a ocorrer ao cair da noite e à penumbra. O círio pascal, a pia batismal ou bacia com água, enfeitada com flores e próxima ao círio, para serem colocados em destaque. A entrega de uma vela a cada participante. Dois ministros como responsáveis pelo incenso (braseiro e grãos). Um grupo de cantores para inteirar-se dos cantos e ensaiar ao menos os refrões com o povo, antes da celebração. Ministro para presidir a leitura bíblica, o salmo e o cântico evangélico. Folhetos de canto para todos.

Para você, catequista: A celebração de Pentecostes conclui o tempo pascal. A vinda do Espírito Santo sobre a Igreja significa a plenitude da Páscoa. O Espírito Santo nos conduz à participação plena na vida nova que Jesus nos dá. A celebração da vigília de Pentecostes cultiva em nós o espírito de expectativa e de esperança em Deus. O dom do Espírito, prometido por Jesus aos discípulos, conduz a Igreja à vivência antecipada das realidades celestes. É Ele que faz "de nós uma oferenda perfeita" para Deus, unindo-nos a Jesus e ao seu sacrifício. Celebrar Pentecostes tem a ver com a adesão a Jesus, à sua vida e à sua missão. Celebrar a vigília é exprimir nossa prontidão para receber tão grande dom.

Chegada

Silêncio, oração pessoal e refrões meditativos.
Canto: "Dentro de mim existe uma luz".

> Verdadeiramente ressurgiu Jesus, *(bis)*
> Cantemos: Aleluia, resplandece a luz! *(bis)*
>
> Venham, ó nações, ao Senhor cantar, *(bis)*
> Ao Deus do universo, venham festejar! *(bis)*
>
> Seu amor por nós, firme para sempre, *(bis)*
> Sua fidelidade dura eternamente! *(bis)*
>
> Venham, irmãos, cantemos com muita alegria, *(bis)*
> A Luz do Santo Espírito brilhou neste dia! *(bis)*

Todos acendem as velas no círio pascal.

> Foi o amor de Deus em nós derramado, *(bis)*
> Qual mãe consoladora, foi a nós doado! *(bis)*
>
> Tua luz, Senhor, clara como o dia, *(bis)*
> É chama que incendeia e traz alegria! *(bis)*

Oferta-se incenso.

> Suba o nosso incenso, a ti, ó Senhor, *(bis)*
> Nesta santa vigília, oferta de louvor! *(bis)*
>
> Nossas mãos orantes, para o céu subindo, *(bis)*
> Cheguem como oferenda, ao som deste hino! *(bis)*
>
> Glória ao Pai e ao Filho, e ao Santo Espírito, *(bis)*
> Glória à Trindade Santa, glória ao Deus bendito! *(bis)*
>
> Aleluia, irmãs, aleluia, irmãos, *(bis)*
> Suba do mundo inteiro a Deus louvação! *(bis)*

Recordação da vida
Momento para recordar os acontecimentos importantes da vida. De forma breve, cada um lembra um fato ou pessoa que revela a ação do Espírito Santo. (Acendem-se as luzes).

Hino
>Presente tu estás desde o princípio
>nos dias da criação Divino Espírito!
>És o sopro criador, que a terra fecundou
>e a vida no universo despertou!
>
>Presente tu estás desde o Egito
>vencendo a opressão, Divino Espírito!
>És fogo e claridão, luz da libertação
>de um povo em movimento de união!
>
>Presente tu estás em Jesus Cristo,
>Na cruz, ressurreição, Divino Espírito!
>Boa-nova do perdão, carinho entre os irmãos,
>ardor na militância e na missão!
>
>Presente tu estás desde o início,
>nos primeiros cristãos, Divino Espírito!
>Firmeza e novidade, estrela da unidade,
>amor concreto, solidariedade!
>
>Presente tu estás no sacrifício,
>na dor das multidões, Divino Espírito!
>Clamor e profecia, ternura e ousadia,
>sabor do nosso pão de cada dia!

Salmo 27(26) (com o auxílio da Bíblia, rezar em dois coros as estrofes e o estribilho juntos)
>Se Deus é por nós, quem será contra nós?
>Nada nos separará do amor que Deus
>nos deu por meio de Jesus Cristo.

Cantemos este Salmo, recordando-nos que a nossa força vem de Deus e que Ele mesmo é a luz que ilumina nossa vida. À espera da chegada do Espírito, supliquemos ao Senhor que Ele nos mantenha firmes no caminho de Jesus.

Leitura bíblica (Jo 7,37-39)
>"No último e mais importante dia da festa, Jesus, de pé, exclamou: 'Se alguém tem sede, venha a mim, e beba quem crê em mim. Conforme diz a Escritura: Do seu interior correrão rios de água viva'. Ele disse isso falando do Espírito que haviam de receber os que acreditassem nele; pois não havia ainda o Espírito, porque Jesus ainda não fora glorificado."

Se for oportuno, uma breve homilia ajuda a situar o sentido da festa que se espera com esta celebração e o contexto dos catequizandos que concluem mais uma etapa da iniciação cristã.
Refrão meditativo: "Vem, Espírito Santo, vem".

Preces
Presidente: Irmãos e irmãs, à espera da vinda do Santo Espírito de Deus e concluindo nossa caminhada de catequese eucarística, queremos suplicar:
Todos: **Envia teu Espírito, Senhor, e renova a face da terra!**
Presidente: Deus de amor e de bondade, esperando o Espírito de teu Filho ressuscitado, nós te pedimos: renova a tua Igreja na luz da sua páscoa, para que ela brilhe como luz para o mundo. Pastor amado, que nos conduziste com segurança ao banquete da vida, fortalece-nos com o corpo e sangue do teu Filho, para que sejamos membros vivos da sua Igreja.
Protege-nos, ó Pai, contra a tentação do desânimo, da preguiça e da distância de Jesus, teu Filho, a quem desejamos seguir com empenho.

Com amor e confiança, guiados pelo Espírito, rezemos a oração que o Senhor nos ensinou: Pai nosso... pois vosso é o Reino, o poder e a glória para sempre. Amém!

Bênção da água e aspersão
Quem preside, abençoa (ou invoca a bênção sobre) a água, usando a fórmula contida no apêndice do Missal Romano (para diáconos ou presbíteros), ou a fórmula para ministros leigos (Ritual de bênçãos por ministros leigos). Logo depois da bênção, com um convite, motiva os participantes para a aspersão.

Presidente: Queridos irmãos e irmãs, pelo Batismo já recebemos o Espírito Santo. Mas celebramos hoje, com toda a Igreja, a espera pelo Espírito Santo. Celebraremos a sua vinda na solenidade de Pentecostes, amanhã. O Espírito Santo é um dom permanente de Deus para a Igreja. Recordamos, com estas celebrações, aquilo que recebemos no Batismo. Por isso, agora nos aproximamos desta água, para lembrar que somos todos marcados pelo dom do Espírito Santo. Aproximem-se! Toquem a água, façam o sinal da cruz e se recordem do seu Batismo.

Canto: "Banhados em Cristo".
Oração
Ó Deus, que instruíste os corações dos teus fiéis com a luz do Espírito Santo, faze que apreciemos retamente todas as coisas, segundo o mesmo Espírito, e gozemos sempre de tua materna consolação. Por Cristo, Senhor Nosso. Amém!

Bênção final
Presidente: Ó Deus, que derramaste em nossos corações o teu amor, enche-nos de alegria e consolação, agora e para sempre!
Todos: **Amém!**
Presidente: Louvado seja nosso Senhor Jesus Cristo.
Todos: **Para sempre seja louvado!**

Após a celebração, convém que os pais e os padrinhos preparem para os catequizandos uma festa surpresa.

Orações

Sinal da cruz – Pelo sinal da santa Cruz, livrai-nos, Deus Nosso Senhor, dos nossos inimigos. Em nome do Pai e do Filho e do Espírito Santo. Amém!

Ave-Maria – Ave, Maria, cheia de graça, o Senhor é convosco. Bendita sois vós entre as mulheres, bendito é o fruto do vosso ventre, Jesus. Santa Maria, Mãe de Deus, rogai por nós, pecadores, agora e na hora da nossa morte. Amém!

Pai-nosso – Pai nosso, que estais nos céus, santificado seja o vosso nome; venha a nós o vosso Reino, seja feita a vossa vontade, assim na terra como no céu. O pão nosso de cada dia nos dai hoje; perdoai-nos as nossas ofensas assim como nós perdoamos a quem nos tem ofendido; e não nos deixeis cair em tentação, mas livrai-nos do mal. Amém!

Glória – Glória ao Pai e ao Filho e ao Espírito Santo, como era no princípio, agora e sempre. Amém!

Santo Anjo – Santo Anjo do Senhor, meu zeloso guardador, se a ti me confiou a piedade divina, sempre me rege, guarda, governa e ilumina. Amém!

O Anjo do Senhor – O Anjo do Senhor anunciou a Maria.
E ela concebeu do Espírito Santo. Ave Maria...
Eis aqui a serva do Senhor.
Faça-se em mim segundo a vossa palavra. Ave Maria...
E o Verbo de Deus se fez carne.
E habitou entre nós. Ave Maria...
Rogai por nós, Santa Mãe de Deus.
Para que sejamos dignos das promessas de Cristo.
Oremos: Derramai, ó Deus, a vossa graça em nossos corações, para que, conhecendo, pela mensagem do Anjo, a encarnação do Cristo, vosso Filho, cheguemos, por sua paixão e cruz, à glória da ressurreição pela intercessão da Virgem Maria. Pelo mesmo Cristo, Senhor Nosso. Amém.

Creio – Creio em Deus Pai, todo-poderoso, criador do céu e da terra, e em Jesus Cristo, seu único filho, nosso Senhor, que foi concebido pelo poder do Espírito Santo, nasceu da Virgem Maria, padeceu sob Pôncio Pilatos, foi crucificado, morto e sepultado. Desceu à mansão dos mortos, ressuscitou ao terceiro dia, subiu aos céus, está sentado à direita de Deus Pai todo-poderoso, donde há de vir a julgar os vivos e os mortos. Creio no Espírito Santo, na Santa Igreja Católica, na comunhão dos Santos, na remissão dos pecados, na ressurreição da carne, na vida eterna. Amém!

Espírito Santo – Vinde, Espírito Santo, enchei os corações dos vossos fiéis e acendei neles o fogo do vosso amor. Enviai, Senhor, o vosso Espírito, e tudo será criado. E renovareis a face da terra.

Oremos: Ó Deus, que iluminais os corações dos vossos fiéis com a luz do Espírito Santo, concedei-nos que no Espírito Santo saibamos o que é reto e gozemos sempre de suas divinas consolações. Por Cristo Nosso Senhor. Amém!

Salve-Rainha – Salve, Rainha, Mãe de Misericórdia, vida, doçura, esperança nossa, salve! A vós bradamos, os degredados filhos de Eva. A vós suspiramos, gemendo e chorando neste vale de lágrimas. Eia, pois, advogada nossa, esses vossos olhos misericordiosos a nós volvei, e depois desse desterro, mostrai-nos Jesus, bendito fruto do vosso ventre, ó clemente, ó piedosa, ó doce sempre Virgem Maria.
Rogai por nós Santa Mãe de Deus.
Para que sejamos dignos das promessas de Cristo.

Ato de contrição – Obrigado, Senhor, pelo perdão que recebi. Conto com a tua graça para perseverar no bem. Amém!
Pai, pequei contra o meu irmão e ofendi a ti. Meu Jesus, misericórdia!
Senhor, hoje quero recomeçar uma vida nova auxiliado pela tua graça. Meu Jesus, misericórdia!

Oração da manhã – Senhor, no silêncio deste dia que amanhece, venho te pedir a paz, a sabedoria e a força. Quero olhar hoje o mundo com os olhos cheios de amor; ser paciente, compreensivo e justo, calmo e alegre; quero ver os teus filhos como Tu os vês, e ver somente o bem em cada um. Cerra os meus ouvidos a toda calúnia, Senhor, reveste-me interiormente de tua beleza. E que no decorrer deste dia eu revele a todos o teu amor. Amém!

Oração de São Francisco de Assis – Senhor, fazei de mim instrumento de vossa paz. Onde houver ódio, que eu leve o amor. Onde houver ofensa, que eu leve o perdão. Onde houver discórdia, que eu leve a união. Onde houver dúvida, que eu leve a fé. Onde houver erro, que eu leve a verdade. Onde houver desespero, que eu leve a esperança. Onde houver tristeza, que eu leve a alegria. Onde houver trevas, que eu leve a luz. Ó Mestre, fazei que eu procure mais consolar que ser consolado; compreender que ser compreendido; amar que ser amado. Pois é dando que se recebe, é perdoando que se é perdoado, e é morrendo que se vive para a vida eterna. Amém.

Oração da criança – Querido Deus, gosto muito do Senhor. Gosto do papai, da mamãe, dos meus irmãos e de todos os meus amigos. Deus, obrigado pelos brinquedos, pela escola, pelas flores, pelos bichinhos e por todas as coisas bonitas que o Senhor fez. Quero que todas as crianças conheçam e gostem do Senhor. Obrigado, Deus, porque o Senhor é muito bom. Amém!

Consagração a Nossa Senhora – Ó minha Senhora, ó minha Mãe! Eu me ofereço todo a vós, e em prova de minha devoção para convosco eu vos consagro neste dia meus olhos, meus ouvidos, minha boca, meu coração e inteiramente todo o meu ser. E porque assim sou vosso, ó incomparável Mãe, guardai-me e defendei-me como coisa e propriedade vossa. Amém!